Ce qu'ils ne veulent pas que je dise

Alexandre Benalla

Ce qu'ils ne veulent pas que je dise

PLON
www.plon.fr

12, avenue d'Italie
75013 Paris
Tél. : 01 44 16 09 00
Fax : 01 44 16 09 01
www.plon.fr
www.lisez.com

Dépôt légal : novembre 2019
ISBN : 978-2-259-27880-5
Mise en pages : Nord Compo

1

La chute

— Monsieur Benalla, il est 10 heures du matin, vous êtes placé en garde à vue.

J'écoute l'officier de police judiciaire qui me récite machinalement mes droits : garder le silence, demander un médecin, faire appel à un avocat. Je l'entends à peine. La mise en scène me paraît exagérée. Je suis prêt à répondre à toutes les questions, persuadé que cela ne va pas durer longtemps.

Ce vendredi 20 juillet 2018, je suis comme le gibier qui ne sait pas encore que la chasse est ouverte. Assis dans le petit bureau propret du 36, rue du Bastion – le tout nouveau siège de la police judiciaire, au nord de Paris –, je reste serein. Dehors, malgré quelques nuages, une belle journée s'annonce, il fait déjà chaud.

Deux officiers de la Brigade de répression de la délinquance contre la personne, la BRDP, me font face. Le premier doit avoir la quarantaine, l'allure athlétique, très posé. L'autre est plus jeune, cheveux ras et barbe de trois jours. Jeans, baskets, pas d'arme à la ceinture. Ils me demandent courtoisement d'enlever mes lacets, ma ceinture et de vider mes poches. Je m'exécute, je connais la procédure. Gendarme réserviste, c'est moi qui demandais aux prévenus de se délester de leurs affaires. Puis ils me conduisent dans une cellule, après une fouille et une palpation réglementaire, le temps de préparer mon interrogatoire.

Tout se passe comme prévu. J'avais été convoqué la veille. Il devait être environ 21 heures lorsque mon portable avait sonné, affichant sur l'écran la formule mystère : « Numéro masqué. »

— Monsieur Benalla ?

— Oui.

— Bonsoir, je suis le capitaine L., de la Brigade de répression de la délinquance contre la personne. Je vous invite à vous présenter demain matin, à 10 heures, dans nos locaux, au 36, rue du Bastion.

— Je dois m'attendre à quoi ? Un interrogatoire ?

— Euh… Venez demain à 10 heures.

Alors j'attends, assis sur le bat-flanc scellé au mur dans la cellule. L'inventaire de la pièce est vite fait : un robinet, un W.-C. à la turque qui dégage une forte odeur d'urine et, au plafond, l'œil d'une petite caméra de surveillance.

Je repense à ma dernière conversation téléphonique, juste avant d'entrer dans les locaux de la police.

J'ai appelé Ismaël Emelien, le conseiller spécial du Président, pour le prévenir de ma visite au 36.

— Ismaël, je vais y aller.

— D'accord. On regarde de notre côté, si tu démissionnes ou si on te licencie.

— Et pour la vidéo, je dis que c'est toi ?

— Oui, tu leur dis bien que tu me l'as donnée.

— OK.

— Allez, courage, vieux.

Je ne sais pas quelle heure il est, ni combien de temps s'est écoulé depuis mon arrivée dans cette cellule. Les policiers m'ont retiré ma montre. Seule distraction, un gardien m'apporte ce qui tient lieu de repas : une barquette de riz trop sec agrémenté de légumes, une cuillère en plastique et un gobelet pour boire au robinet. Enfin, deux policiers viennent me chercher. Ils me guident vers une salle d'interrogatoire contiguë aux cellules de garde à vue. Le capitaine de police qui m'a accueilli est assis derrière une table, un ordinateur portable ouvert devant lui. Mon avocate, Audrey Gadot, est déjà installée. Il est 13 h 26. Ma première audition commence.

Le policier m'interroge sur les événements du 1er Mai, place de la Contrescarpe, à Paris, puisque c'est de cela qu'il s'agit. Deux jours auparavant, les médias ont diffusé une séquence vidéo tournée le jour de la fête du Travail, me montrant aux prises avec deux personnes, un homme et une femme, alors que se déroulent de violents affrontements entre des casseurs et les forces de l'ordre.

Circonstance aggravante aux yeux des commentateurs, je porte un casque de policier. Ce que je ne suis pas. Je travaille à l'Élysée en tant que chargé de mission, adjoint au chef de cabinet du président de la République.

Des questions légitimes peuvent se poser à la vue de ces images et je trouve normal d'y répondre. Une question en particulier est ressassée par les chaînes d'information en continu et certains journaux : que fait un collaborateur du président de la République au cœur d'un attroupement violent et avec des signes extérieurs pouvant laisser croire qu'il est policier ? Je suis plutôt à l'aise pour y répondre et fournir tous les éclaircissements nécessaires. À condition toutefois que l'on veuille bien m'écouter.

Pendant près de six heures, je réponds précisément et point par point aux questions de l'enquêteur. J'explique que j'étais en mission d'observation au sein d'une unité de police. Quelques semaines avant le 1er Mai, lors d'un déplacement en Guyane avec le Président, j'ai dû faire face à des violences urbaines. J'avais donc besoin de comprendre comment les opérations de maintien de l'ordre se déroulaient. La préfecture de Police m'a ainsi proposé de venir voir de l'intérieur. Elle répond fréquemment de façon favorable à des demandes de ce type pour des journalistes, des élus, des universitaires, des magistrats. Afin de ne pas être pris pour des contestataires, au risque de recevoir quelques coups de matraque, les observateurs invités par la préfecture de Police sont équipés d'un brassard « Police » orange. Cela a été clairement expliqué par les différentes autorités policières pendant la commission d'enquête du Sénat. Pour se protéger des jets de projectiles provenant des casseurs, un casque est à leur disposition – casque que j'ai béni de porter le 1er Mai lorsque le couple nous envoyait des bouteilles en verre. En ce qui concerne la radio, il s'agit de comprendre les manœuvres sur le terrain en liaison avec la salle de commandement. Sans cet équipement, impossible de comprendre ce qui se passe sur place.

En fin de journée, ce 1er Mai, je me trouve place de la Contrescarpe, dans le Ve arrondissement de Paris, avec des CRS et des policiers en civil. J'ai d'abord assisté aux heurts très violents qui ont eu lieu en début d'après-midi en face de la gare d'Austerlitz. Puis, avec les policiers, j'ai suivi le déplacement des émeutiers jusqu'en haut de la rue Mouffetard. Une centaine d'individus, dont beaucoup sont habillés en noir, masqués et casqués, occupent la place. Entre jets de bouteilles, de pavés et bris de vitres, l'ambiance est très tendue.

Deux lignes se font face : CRS d'un côté, émeutiers de l'autre. Les projectiles volent dans notre direction. Face à nous, un homme et une femme sont particulièrement agités. Ils ne cessent de proférer des insultes, font des bras d'honneur, lancent divers objets – bouteilles, cendriers, chaises – qui leur tombent sous la main. Le Code de procédure pénale prévoit dans son article 73 que : « Dans les cas de crime flagrant ou de délit flagrant puni d'une peine d'emprisonnement, toute personne a qualité pour en appréhender l'auteur et le conduire devant l'officier de police judiciaire le plus proche. » S'en prendre aux représentants de la loi me semblant largement relever de ce cas de figure – ce sont en effet des violences volontaires sur des personnes dépositaires de l'autorité publique –, j'interviens alors pour appréhender le couple.

J'ai effectué plus de deux cents jours de mission dans la réserve opérationnelle de la gendarmerie et procédé à de nombreuses interpellations, et force est de constater que les délinquants tendent rarement les poignets sagement pour qu'on leur passe les menottes. Il faut user de la contrainte nécessaire. Jamais de la violence gratuite. C'est ce que je fais, mais les policiers présents et moi-même avons du mal à neutraliser la furie de deux individus.

Il est 19 h 15 quand l'audition se termine. Je suis épuisé. Des heures à répéter encore et encore la même chose, les mêmes mots, la même scène. Je signe les douze pages du procès-verbal. J'aimerais juste rentrer chez moi, mais ce n'est pas fini.

Le capitaine me demande si j'autorise une perquisition à mon domicile d'Issy-les-Moulineaux, ainsi qu'à l'appartement du quai Branly dans lequel je n'ai pas encore emménagé. Je ne vois pas le rapport avec les faits de « violence » qui me sont reprochés, mais je donne évidemment mon accord, sachant que ce n'était en aucun cas une obligation, mais pensant prouver ainsi ma bonne volonté et ma bonne foi. Quelques mois plus tard, un média français en ligne s'opposera à la même procédure – ce n'est pas ma conception de mon rapport à la justice. En revanche, je préviens que je n'ai pas les clés et qu'il n'y a personne chez moi. Je propose au policier de contacter un ami qui a la clé de mon domicile. Après un appel à sa hiérarchie cette proposition est rejetée, sans doute pour que personne ne soit au courant de la perquisition à venir.

Il doit être 20 heures quand je retrouve ma cellule. Seul.

C'est le début de la chute.

2

La chasse est ouverte

J'ai à peine le temps de retrouver ma cellule que le capitaine, accompagné de deux policiers en tenue, vient me chercher. Direction le parking, au sous-sol du bâtiment.

— Monsieur Benalla, pour le trajet, je dois vous passer les menottes. C'est la procédure.

— Pas de problème.

Je mets les mains dans le dos et le claquement métallique des bracelets résonne dans le silence. L'un des policiers ouvre le hayon d'une camionnette blanche fatiguée qui sert habituellement de « sous-marin » aux policiers pour des surveillances discrètes. Il s'agit d'échapper aux caméras qui sont agglutinées à la sortie du bâtiment.

— Montez.

Pas facile de grimper dans le fourgon avec les mains attachées dans le dos. Heureusement, mon ange gardien m'aide à m'installer sur l'étrange chaise de bureau vissée au plancher, avant de s'asseoir à côté de moi, sur une sorte de banquette bricolée avec une planche. Nous n'avons aucune vue vers l'extérieur. La seule fenêtre, qui communique avec le conducteur et son passager, est fermée par un volet coulissant. Le fourgon démarre dans un bruit de tracteur. À l'inclinaison du véhicule, je devine la rampe de sortie, puis nous roulons une dizaine de minutes. Mon accompagnateur ne dit pas un mot. D'ailleurs, on aurait du mal à s'entendre dans le vacarme de notre habitacle en tôle.

Lorsque le hayon s'ouvre sur la lumière du jour, nous sommes garés dans une cour pleine de véhicules de police.

— C'est le commissariat Bessières, me souffle mon garde, qui me fait monter à l'arrière d'une vraie voiture.

La position menottes dans le dos est toujours aussi inconfortable mais, au moins, je peux voir le paysage. Nous repartons en convoi, derrière une voiture banalisée qui ouvre la route, sirène hurlante et gyrophare allumé, direction l'île Saint-Germain, à Issy-les-Moulineaux. Dans la voiture de tête se tient la commissaire de la BRDP qui dirige l'opération.

Je reconnais les rues, nous nous approchons de ma maison, située dans une impasse d'ordinaire très calme. Un équipage du commissariat local est déjà sur place. Je repère aussi un homme en civil, le représentant de l'Inspection générale de la police nationale, l'IGPN, la police des polices.

Au total, une dizaine de policiers s'engouffrent avec moi dans le hall. Un couple de voisins sort au même moment. Je devine leurs regards furtifs sur mes poignets entravés, leur étonnement face au déploiement de force. J'ai l'impression d'être dans un mauvais rêve.

Nous voilà devant la porte de l'appartement, au premier étage. J'avais prévenu, il n'y a personne à l'intérieur. Depuis que les chaînes de télévision ont braqué leurs caméras sur mon domicile, envahissant les couloirs et sonnant à ma porte, Myriam et mon fils, âgé de six semaines, se sont réfugiés chez une amie, avec deux valises de vêtements. Le fameux coffre-fort contenant mes trois Glock et un fusil à pompe Remington – que je détiens légalement – fera quelques heures plus tard le voyage chez cette même amie.

L'un des officiers sonne, par acquis de conscience.

— Personne. Il faut faire ouvrir. Appelez un serrurier.

La commissaire a donné ses ordres. On attend. Le palier est trop petit pour contenir tout le monde, alors certains patientent dans les escaliers. Un policier se charge d'actionner la minuterie chaque fois que la lumière s'éteint. Personne ne parle. La présence de l'IGPN refroidit manifestement l'ambiance.

Enfin, l'artisan requis se présente, sa sacoche à l'épaule.

— Bonjour, m'sieurs dames.

Pas impressionné par le comité d'accueil, le type examine la porte et la serrure avant de donner son diagnostic.

— C'est du sécurisé. Je n'ai pas les outils. Ce n'est pas la peine.

Et, sans attendre, il tourne les talons. La commissaire reprend l'initiative.

— Appelez la BAC, ils ont peut-être un moyen.

Deux officiers de la brigade anticriminalité arrivent, les mains vides. Eux non plus n'ont pas les outils. Et avec tout ça, l'heure tourne. Il est bientôt 21 heures, heure au-delà de laquelle les perquisitions ne sont plus légales.

Dépités, les policiers doivent abandonner. Ils posent des scellés de cire sur la porte et nous repartons, selon la même procédure qu'à l'aller, avec changement de moyen de transport au commissariat Bessières.

Un peu avant 22 heures, je retrouve ma cellule et une nouvelle barquette en guise de dîner dans laquelle il me semble identifier du poulet. Puis un gardien vient me chercher. Je retrouve la salle d'interrogatoire, occupée cette fois par une policière en tenue, avec un galon de brigadier. Elle me signifie la prolongation de la garde à vue. Je signe le PV de prolongation. Je peux enfin m'allonger sur le matelas de plastique jauni de la cellule. Épuisé, je m'endors aussitôt.

L'aube pointe à peine lorsque le gardien me tire du sommeil.

— Il faut y aller, monsieur Benalla.

J'ai quand même droit à un gobelet de liquide chaud et sombre, puis c'est le départ en cortège, comme la veille. Menottes, fourgon et voitures banalisées. Il est tôt mais il fait déjà grand jour. Le convoi file dans les rues désertes. Le ciel est nuageux, sombre présage de ce qui m'attend.

À mon domicile, une équipe d'intervention composée de types cagoulés, casqués et armés jusqu'aux dents nous accueille. Pour visiter un appartement vide, cela me semble quelque peu surdimensionné.

— C'est la procédure, me dit la commissaire.

Soit.

L'équipe d'intervention a apporté un vérin hydraulique qui fracasse la porte. Les types s'engouffrent en colonne, armes pointées sur les cartons de déménagement qui sont empilés dans les pièces vides. Belle démonstration de « progression tactique », mais peu efficace. Ou l'inverse, peut-être.

Une fois les lieux sécurisés grâce à cette intervention musclée, la perquisition commence. Les enquêteurs ouvrent un à un les cartons que Myriam s'est donné tant de mal à faire ces dernières semaines car nous devions déménager. Toutes nos affaires sont emballées. Enfin, étaient emballées. Car elles sont désormais étalées un peu partout, sur le lit, la table de la cuisine, le tapis du salon. Un carnage.

Le représentant de l'IGPN regarde un peu tout, les papiers personnels, les photos, le contrat de travail de Myriam. Je ne sais pas ce qu'ils cherchent ; eux non plus, manifestement.

— Où sont les armes que vous détenez ?

Lors de ma première audition, le capitaine m'a questionné sur mes autorisations de port et de détention d'armes. Il sait donc parfaitement que je possède trois pistolets de marque Glock et un fusil à pompe. Je les utilise lors de séances d'entraînement dans un stand de tir. Il vaut mieux savoir s'en servir lorsque, comme moi, on est appelé à porter une arme dans le cadre de ses activités – pour moi, la réserve de la gendarmerie, notamment. Ce fut le cas à plusieurs reprises, de façon parfaitement réglementaire. Et, ainsi que l'exige le Code de la sécurité intérieure, mes armes sont stockées dans un coffre-fort que l'enquêteur ne trouve pas.

— J'ai demandé à des amis de déplacer le coffre, le jour même où ma femme s'est réfugiée chez une amie, capitaine.

BFM avait montré l'immeuble, tout le monde pouvait trouver mon adresse et savait que l'appartement était vide. Je craignais un cambriolage.

La visite terminée, les policiers emballent quelques bricoles au titre des saisies : un gyrophare bleu, une médaille de la gendarmerie, des cartes officielles de la présidence, deux porte-clés avec des clés. De sacrées pièces à conviction. La commissaire m'avise de la suite, à savoir une seconde perquisition dans l'appartement que je devais prochainement occuper avec ma famille, quai Branly. Il m'a été attribué pour « raisons de service » depuis le 1er juillet, mais j'ai sans cesse retardé le moment d'y emménager. Comme si je savais que je ne l'occuperais jamais.

Nous nous rendons quai Branly, où sont logés nombre d'employés de l'Élysée. Le secrétaire général, le directeur de cabinet, le chef de cabinet et son adjoint, le chef d'état-major particulier, le conseiller diplomatique adjoint, entre autres, y disposent d'appartements, ainsi que des personnels administratifs et techniques astreints à une disponibilité particulière.

Notre cortège se présente à la grille située à l'arrière des bâtiments. Elle n'est jamais ouverte, mais pour l'occasion un gendarme en civil nous attend et actionne le portail. Les voitures se garent dans la grande cour, au milieu des immeubles. Il n'y a personne aux alentours. Les consignes ont été discrètement passées et chacun reste enfermé chez soi. Mais derrière les fenêtres, beaucoup de rideaux s'agitent.

Toujours menotté dans le dos, je monte l'escalier du premier étage. Le gendarme du portail nous a rejoints avec le double des clés. Il ouvre, tout le monde entre. On se croirait à un rendez-vous d'agent immobilier avec des candidats à la location. Alors, en face, vous avez la cuisine, à gauche, un couloir avec la salle de bains, les toilettes, un salon et au fond, deux chambres. La vue donne sur les cinq coupoles étincelantes de la cathédrale de la Sainte-Trinité de Paris, l'église orthodoxe de l'avenue Rapp.

Le temps de constater l'absence du moindre objet, et tout le monde se retrouve dans la cour. Je lève les yeux et constate de nouveau ces mouvements imperceptibles derrière les rideaux. Mes accompagnateurs attendent le signal du départ, mais la commissaire est en grande conversation sur son téléphone portable. Lorsqu'elle termine, elle annonce un changement de programme : nous allons retourner à Issy-les-Moulineaux. Elle doit récupérer le contrat de travail de mon épouse, qui avait tant intéressé le représentant de l'IGPN mais qui n'a pas été saisi. Arrivé à hauteur du centre commercial de Beaugrenelle, le convoi s'arrête. La commissaire, qui est dans une voiture se trouvant à l'arrière du cortège, remonte jusqu'à nous et se penche vers le conducteur, devant moi.

— Bon, nous n'allons pas à Issy-les-Moulineaux. C'est annulé.

Elle m'explique alors qu'il s'agissait de vérifier l'identité de ma femme.

— Mais j'ai déjà donné toutes les indications lors de ma première audition. Et puis, je ne comprends pas ce que Myriam peut bien avoir à voir avec le 1er Mai.

Inutile de chercher à comprendre.

Retour en cellule. Seul sur mon banc froid, je repense à cette journée étrange, ou plutôt à ce qu'elle aurait dû être. Ce matin, je devais épouser Myriam à la mairie d'Issy-les-Moulineaux. Nous avions tout prévu. Les invitations étaient envoyées, le restaurant réservé. Nous nous faisions une joie de réunir nos familles et nos amis, de fêter notre amour avec eux, ce devait être notre journée.

Je pense à Myriam, qui a tout annulé hier en catastrophe. J'imagine les coups de fil qu'elle a dû passer, l'inquiétude de nos parents et de nos amis. C'est elle qui a dû les rassurer.

Je repense aussi à ce 1er Mai d'émeutes. Je ne regrette pas d'être intervenu, mais je me dis que, pour mon fils et ma compagne, j'aurais mieux fait de ne pas bouger et de faire ce que font 99 % des gens qui assistent à une agression dans le métro ou sur la voie publique : regarder ailleurs ou filmer de loin, histoire de faire le malin ensuite sur les réseaux sociaux.

Résultat, au lieu de la pièce montée et de la fête avec nos amis, je mange une barquette de riz aux légumes dans une cellule qui pue la pisse.

Mes ruminations sont interrompues vers 16 heures, pour un nouvel interrogatoire. Le capitaine est face à son ordinateur et mon avocate installée à ma gauche. Le jeu des questions/réponses dure près de quatre heures. Je signe le procès-verbal – neuf pages denses – et le capitaine m'annonce la fin de la garde à vue.

Je vais enfin pouvoir sortir de cet enfer, appeler Myriam, parler à ma mère qui doit être morte d'inquiétude. Je dois remplir les dernières formalités : prise des empreintes, photo de l'identité judiciaire et signature du relevé de perquisition. Mais l'officier refroidit vite mon début d'optimisme : pas de permission de sortie.

— Vous êtes déféré devant un juge d'instruction en vue de votre mise en examen.

3

Sniper Alley

C'est une autre cellule qui m'attend, celle du dépôt du tribunal de grande instance. Simple changement d'étage, depuis que la police judiciaire et le TGI ont emménagé dans la tour de verre au bord du périphérique parisien.

Le transfert se fait sous bonne escorte. Pas moins de six policiers nous accompagnent, Vincent Crase et moi. Je retrouve mon camarade, pris comme moi dans la tourmente, devant les ascenseurs. Deux des policiers de l'escorte, en tenue d'intervention, poussent un chariot contenant les dossiers nous concernant. Je regarde, intrigué, l'énorme masse de papiers accumulés dans les chemises cartonnées de toutes les couleurs. Visiblement, les enquêteurs ont abattu un travail considérable. Mais dans quel but ?

Nous voilà à l'étage du dépôt. L'endroit ressemble à une sorte de grand entrepôt, ouvert jusqu'au plafond, avec des coursives de chaque côté, sur deux étages, donnant sur des cellules. Après le silence des locaux de garde à vue, bienvenue dans le monde hurlant du dépôt. L'endroit résonne de cris étranges, de coups dans les portes, de rugissements bizarres. Curieusement, je parviens quand même à dormir.

À mon réveil le lendemain, je ne peux m'empêcher d'imaginer les familles profitant du dimanche pour se retrouver et se promener. Avec Myriam, cette journée rime souvent avec balades sur les bords de Seine. Dans sa poussette, Lino apprécie la promenade et nous gratifie de sourires éblouissants. Tous les deux me manquent.

En fin d'après-midi, je reçois la visite d'Audrey, mon avocate, prélude à la comparution. Nous faisons un point rapide de la situation puis les policiers nous introduisent dans le bureau de la juge.

— Bonjour monsieur. Asseyez-vous.

Le ton est autoritaire. J'obtempère.

La juge m'assure qu'elle a « des indices graves et concordants » qui l'incitent à penser que j'ai commis une infraction. Je me demande bien lesquels. Mais elle envisage ma mise en examen des chefs de « violence en réunion n'ayant pas entraîné d'incapacité temporaire de travail, immixtion dans l'exercice d'une fonction publique en accomplissant des actes réservés à l'autorité publique, port et complicité de port prohibé et sans droit d'insignes réglementés par l'autorité publique, recel de violation du secret professionnel et recel de détournement d'images issues d'un système de vidéoprotection ».

On me reproche en effet, en plus de tout le reste, d'avoir détenu des images vidéo montrant les émeutiers en train de lancer des bouteilles sur les policiers, séquence soigneusement coupée par les médias qui n'ont diffusé que la partie concernant l'interpellation.

La magistrate me demande tout d'abord de lui indiquer mes intentions pour la conduite de l'interrogatoire.

— Vous pouvez répondre à mes questions, garder le silence ou faire une déclaration spontanée.

Je choisis de prendre la parole. Je veux dissiper le malaise qui plane depuis la perquisition à mon domicile au sujet du coffre-fort disparu. Je tiens à ce que les choses soient parfaitement claires, alors je réitère mes explications. J'ai demandé à des amis de mettre le coffre en sécurité dès le déclenchement de l'affaire, par crainte d'un « cambriolage ». L'ambiance délétère qui règne autour de mon nom peut encourager les initiatives en tout genre et des visites inopportunes. Mes craintes se révéleront justifiées bien plus tard. Chez l'un de mes proches, dont le nom a été largement cité dans la presse, un coffre contenant des armes a disparu sans qu'aucune trace d'effraction ait été relevée. Les voleurs ont curieusement négligé les bijoux, les objets de valeur et l'argent liquide. Par ailleurs, les voisins des nouveaux occupants du logement d'Issy-les-Moulineaux ont été victimes d'une tentative de cambriolage, la première dans l'histoire de cette résidence.

Je m'engage cependant à lui faire parvenir les armes très rapidement, même si je ne comprends toujours pas le lien entre ces dernières et les faits qui me sont reprochés. Si j'avais pratiqué le tennis ou le patinage artistique, est-ce que la justice aurait mis sous scellés mes raquettes ou mes patins ? Pas sûr.

La juge me place sous contrôle judiciaire. Je signe le procès-verbal de comparution et direction le dépôt, pour les formalités. Je serre dans ma main le précieux « bon de sortie » délivré par la juge, mon sésame pour retrouver le monde extérieur. Tandis que je parcours les couloirs, encadré de deux policiers en tenue, je repense à ce tourbillon absurde qui s'est abattu sur moi. Je suis soulagé d'éviter la détention, car tout était devenu envisageable, même le plus invraisemblable. Il faut quand même revenir aux faits et rappeler que tout cela part d'un échange un peu vigoureux avec deux agresseurs de policiers, et non pas d'une tentative de braquage, d'un vol avec violence ou d'un trafic de stupéfiants, incriminations qui n'auraient d'ailleurs jamais entraîné une telle rapidité de traitement ni un tel déploiement de moyens.

Je suis conduit dans une petite pièce sans fenêtre, remplie de casiers métalliques numérotés. Derrière son comptoir, un fonctionnaire vérifie mon « bon de sortie » et va chercher dans un des casiers la bannette contenant mes effets personnels, ceux que l'on m'a retirés lors de la fouille, il y a trois jours. Trois jours seulement, mais qui m'ont semblé si longs... Montre, téléphone, papiers et menue monnaie réintègrent mes poches d'homme presque libre.

Ultime étape : je suis conduit dans une pièce attenante, pourvue d'une fenêtre donnant sur la rue et dont le vitrage est recouvert d'un film spécial, l'équivalent d'une glace sans tain. Depuis l'intérieur, on peut observer ce qui se passe dans la rue, tandis que les passants n'y voient que leur reflet, comme dans un miroir. Trois policiers bavardent dans un coin sans prêter attention à ma présence. J'aperçois dehors, au travers de la vitre, un attroupement. Des dizaines de journalistes sont agglutinés devant la sortie principale, guettant leur proie. Heureusement, mon avocate a organisé ma sortie avec l'aide de mes amis. L'homme me tend un casque intégral et me désigne du geste un taxi-moto qui attend, moteur tournant, devant la porte que personne n'a remarquée. J'enfile le casque, le policier ouvre la porte et en deux secondes je disparais, hors de portée des caméras et des micros qui ne se rendent compte de rien. La moto fait le tour du pâté de maisons, s'arrête quelques rues plus loin, à la hauteur d'une voiture conduite par un ami. Je monte à l'arrière, couché sur la banquette, jusqu'à l'appartement d'une amie qui héberge Myriam et mon fils. Ouf, cette fois, c'est fini.

Au soir de ces trois jours hallucinants, je récupère un peu auprès des miens, entouré de ma famille et de mes amis, réconforté par les messages de celles et ceux qui me connaissent. J'ignore, à ce moment-là, que la chasse à l'homme ne fait que commencer, qu'elle va durer des mois, que les snipers de certains médias, embusqués dans leurs rédactions et soigneusement intoxiqués par leurs fameuses « sources », vont entrer en action.

« De l'Élysée à la case prison ». Je vois déjà les gros titres. Comme une sorte de retour à la normale pour un gars comme moi, né dans un quartier difficile, élevé par une maman seule et aux origines modestes.

Le message est clair, non ? Si tu ne sors pas de l'ENA, n'essaie pas d'entrer dans les palais de la République. Car, même si tu y parviens, on te le fera payer d'une façon ou d'une autre.

Cette règle de base, je l'ignorais lorsque j'ai mis les pieds pour la première fois à l'Élysée.

4

L'homme à abattre

Je m'appelle Alexandre Benalla et je suis chargé de mission, adjoint au chef de cabinet du président de la République depuis le 7 mai 2017.

Il y a quelques heures, j'étais au sommet de l'État, et même si je n'ai pas conscience que la chute a déjà eu lieu, je sens le long de ma colonne vertébrale le frisson glacial du gouffre qui s'ouvre sous mes pieds.

Je ne veux pas me l'avouer mais je le sais déjà : c'est fini.

J'ai eu la naïveté de penser que, si le Président m'avait choisi pour occuper ce poste, je devais le faire le plus efficacement possible, sans me soucier des convenances, incapable de voir que je dérangeais, que j'étais un problème, un intrus à éliminer.

Je ne serai jamais des leurs et si moi j'ai pu l'oublier, eux ne l'ont jamais perdu de vue. Ma présence à leurs côtés leur était insupportable, une insulte à leur rang. Ils m'ont rejeté aussi violemment que mon intrusion leur était insupportable.

J'ai voulu servir, honorer mon devoir, le placer au-dessus de tout. Je me suis trop souvent comporté comme un missionnaire obnubilé par sa mission. Cet aveuglement, je ne m'en suis pas aperçu à temps.

Je peux comprendre la lecture de l'histoire qui est maintenant faite de moi, version caricaturale de ce que je suis. Chaque fois que j'ai essayé de m'expliquer, en toute bonne foi, auprès des journalistes, mes mots se retournaient contre moi, au service d'un *storytelling* grossier et bien pratique. L'histoire n'est jamais noire ou blanche.

Des erreurs ont été commises évidemment, par moi, c'est certain, mais il semble malgré tout que j'aie le dos bien large. Et je suis loin d'être le seul responsable de ce naufrage.

Je suis le fusible utile du pouvoir.

À qui peut-on faire croire que, seul, isolé et sans soutien, j'ai – tel un voyou – braqué l'Élysée ? Comment moi, sorti de nulle part, à peine bon à assurer la sécurité d'un ministre socialiste, aurais-je pu œuvrer en solitaire, me balader dans les arcanes du pouvoir, fait des faux tout seul dans mon coin ? Qui peut penser qu'on agit sans contrôle au sommet de l'État ?

Je comprends l'intérêt : je suis un élément isolé, un voyou solitaire, un barbouze sans foi ni loi, diabolique, qui a trompé tout le monde, tous ces gens tellement intelligents et qui n'ont rien vu, rien fait, ne me connaissent pas, ne m'ont jamais croisé, ignorent même mon nom.

Un homme qui ne travaille avec personne, un fantôme, alors qu'au quotidien je suis en contact avec des dizaines, des centaines de personnes à tous les niveaux de l'État.

L'histoire racontée, les regards qui se détournent, mon nom qui s'efface des répertoires téléphoniques ont fait de moi un fantôme, le fantôme maudit du Château.

Qui peut croire cela ? Mes agissements seraient prémédités dès mon plus jeune âge, dans l'unique but de me servir. Si cela avait été le cas, croyez-moi, je me serais fondu dans le décor, entre lourdes tentures et belles boiseries, je me serais tu, je me serais bien gardé de faire quoi que ce soit.

Car c'est comme cela que l'on vit, que l'on se paie sur la bête au cœur du pouvoir : en ne faisant pas de vagues, en ne prenant aucun risque, en n'agissant pas. Surtout ne rien faire, surtout ne rien changer, théoriser l'immobilisme.

J'ai fait exactement l'inverse. À mon niveau, j'ai bousculé le système, j'ai, sans m'en rendre compte, mis en danger ceux qui survivent au cœur du pouvoir, qui l'utilisent pour eux, pour les leurs, qui en sucent la moelle, s'octroient les privilèges, s'accordent les passe-droits, se servent les premiers, sûrs de leur bon droit.

J'ai passé un an à l'Élysée, au cœur du bunker présidentiel, au plus près de ceux qui dirigent notre pays.

J'ai croisé au cours de ma courte carrière tout ce que la France compte de personnel politique, de gauche, essentiellement, mais pas que.

Je les ai vus tels qu'ils sont, dans leur courage mais surtout dans leur lâcheté, leur médiocrité, dans l'acceptation des contraintes. Je les ai vus courber l'échine pour conserver leurs avantages, leurs postes. J'ai vu les compromissions, les trahisons, les renvois d'ascenseur.

J'ai vu le système fonctionner, ou plutôt dysfonctionner, de l'intérieur. J'ai observé une technocratie qui tient la dragée haute au pouvoir politique. Des hommes en gris comme je les appelle, issus de la haute administration, conscients de leur supériorité, à qui on a toujours expliqué qu'ils sont l'élite, les sachants, ceux qui doivent décider. Ils pensent être les garants de la République face à des élus qui ne font que passer. Alors, ils font le dos rond, disent « Oui, oui, bien sûr, Monsieur le Président », « Oui, oui, bien sûr, Madame la Ministre, nous y travaillons », et s'empressent de ne rien faire.

Certains vont même jusqu'à défier publiquement le pouvoir politique et, aussi incroyable que cela puisse paraître, le font plier. Les technocrates dirigent notre pays. Le *deep State* – l'État profond, cette aristocratie de la haute administration arc-boutée sur ses privilèges, ces hommes en gris tapis dans l'ombre – dirige la France en regardant les politiques passer. Ses membres savent qu'ils seront toujours là.

Je m'appelle Alexandre Benalla et je vais vous raconter pourquoi et comment je suis devenu l'ennemi public numéro un. L'ennemi à abattre.

5

Made in Normandie

Entre le quartier de la Madeleine, à Évreux, et palais de l'Élysée la distance ne se mesure pas en kilomètres, mais en années-lumière, comme on le ferait pour deux planètes éloignées.

Je suis né sur la première, en septembre 1991, sans savoir qu'un jour, je poserais le pied sur la seconde. Mes parents sont marocains tous les deux. Papa préparait une thèse de doctorat en physique-chimie, maman était maître auxiliaire en physique-chimie. Ils se sont séparés lorsque j'avais huit mois, maman a trouvé refuge dans des foyers, changeant souvent d'endroit pour échapper à mon père, qui voulait nous ramener au Maroc, et ça, maman ne le voulait pas.

Après des mois d'errance, en passant par Lyon et le département du Nord, maman s'est installée à Vernon, dans l'Eure, à une vingtaine de kilomètres à l'est d'Évreux. Avant de m'inscrire en maternelle, elle a fait changer mon prénom à l'état civil. Mon père m'avait déclaré sous l'identité de Maroine. Désormais, je m'appellerais Alexandre. Ainsi, il ne pourrait pas me retrouver sur les registres de l'Éducation nationale et m'enlever. La plus grande crainte de maman.

Pour mon entrée à l'école primaire, maman nous emmène à Rugles, un village au sud-ouest d'Évreux. Je suis le seul élève d'origine maghrébine de la classe, mais il n'y a jamais un mot ou un regard de travers. Les instituteurs m'aiment bien, j'ai de bons résultats, malgré mon côté clown bavard et curieux. L'été, je vais chez un oncle en Dordogne ou chez une tante à Boulogne-Billancourt.

Les jours de congé, maman m'envoie dans un centre de loisirs, je fais de l'équitation, du canoë, de l'escalade, du judo. Entre-temps, elle a rencontré un homme qui est devenu mon beau-père et avec lequel elle a un fils, mon demi-frère. Nous habitons dans une ferme, mon beau-père m'emmène à la pêche, à la chasse, m'apprend à m'occuper des poules et des lapins. Je m'épanouis pleinement dans cet environnement campagnard.

L'heure d'entrer au collège sonne. Maman opte pour un établissement privé catholique, le collège Foch, à L'Aigle, tout près de Rugles. Je suis bon élève, un peu agitateur, mais je travaille. À la maison, ma mère ne plaisante pas avec les devoirs. Je découvre les scouts unitaires de France, liés au mouvement de la jeunesse catholique mais qui m'intègrent sans souci dans la patrouille des « Léopards ». Un week-end sur deux, nous partons camper dans les bois. J'apprends les règles de la vie en groupe et comment se débrouiller dans la nature. Cette vie me va si bien que je décide d'être militaire. Je demande à maman de m'inscrire au Prytanée de La Flèche, dans l'Orne. C'est l'un des six lycées militaires du pays. Malheureusement, mon dossier est refusé à deux reprises. Mes bulletins ne sont pas assez bons, je ne suis pas fils de militaire et je suis prognathe de naissance, avec la mâchoire du bas qui avance un peu trop.

Déçu, j'entre au lycée d'Évreux en classe de seconde européenne. Pour ne pas faire les cinquante kilomètres qui séparent Rugles d'Évreux matin et soir, maman m'inscrit à l'internat. L'ambiance est nettement moins bucolique. L'établissement récupère tous les recalés et les fortes têtes des autres lycées de la région. Je découvre les bandes et le racket. Et moi, je n'aime pas qu'on me fasse les poches. Alors, la première fois, je prends une droite, mais la deuxième, je ne me laisserai pas faire. Résultat : je suis viré de l'internat pendant quinze jours. La cata. Mais maman s'organise. Elle se met en arrêt, prend une chambre au Formule 1 près du lycée. Le jour, je vais en cours. La nuit, nous dormons à l'hôtel, le temps de la punition.

À la rentrée 2007, maman est mutée à Bernay. Je change de lycée, mais pas d'habitudes. Trois semaines après la rentrée, un élève se paie ma tête à cause de ma mâchoire. Ni une, ni deux, je lui rentre dedans. Le conseiller principal d'éducation intervient et me prend au collet, face à face, les yeux dans les yeux. Il me parle longtemps. Je l'écoute et je baisse les yeux. J'ai compris que je n'étais pas sur la bonne voie. Alors, il me donne une chance.

— Je te prends à l'internat, mais tu fais ce que je te demande.

Je tope. C'est ma chance. En plus, maman me fait opérer de la mâchoire par un chirurgien spécialisé dans les reconstructions faciales. Avec un visage ordinaire et un CPE extraordinaire, me voilà remis dans les clous. Tous les soirs, je bosse mes cours. Le mercredi, jour de repos, je joue au rugby dans le club du lycée, véritable école de la vie, et je fais de la boxe en compétition. En juin 2009, je décroche mon baccalauréat section ES avec mention.

Pendant ma scolarité au lycée de Bernay, j'ai découvert un nouveau sport, le krav-maga, une technique de combat mise au point par l'armée israélienne. Trois fois par semaine, je m'entraîne avec les hommes du Peloton de surveillance et d'intervention de la gendarmerie (PSIG) de Bernay. Après les assauts et les combats sur le tatami, lorsqu'on récupère dans les vestiaires, on bavarde. Un soir, un sous-officier que je connais un peu me fait signe.

— Tu sais qu'on recrute des réservistes ?

— Ah non. Mais ça m'intéresse.

— Tu as le bon profil. Je t'apporte un dossier la prochaine fois. Tu le remplis et on voit.

— Super.

La sécurité, l'ordre et la chose militaire me passionnent. À quatorze ans, pour le stage que les élèves de troisième doivent effectuer dans une entreprise, j'avais écrit au RAID, l'unité d'élite de la police. Culotté ! Évidemment, je n'avais pas été pris, mais ma candidature, au lieu d'être mise à la corbeille, avait été transférée au Service de la protection, le SDLP (ex SPHP). C'est ainsi qu'en février 2006 j'ai passé, pour mon plus grand bonheur, trois jours dans leurs locaux, rue du Faubourg-Saint-Honoré, visité l'armurerie et même fait une incursion dans la cour de l'Élysée le jour du Conseil des ministres. La même année, j'ai répondu à une annonce pour aider bénévolement à l'organisation du festival du film de Cabourg, et grâce à ma carrure athlétique, j'ai été affecté à la protection rapprochée des invités. J'ai été assez bon pour que les organisateurs me demandent de revenir les années suivantes. Depuis, j'étais sûr de vouloir en faire mon métier. Alors cette proposition, c'était une sacrée chance.

Quelques semaines plus tard, je reçois ma convocation pour une période de formation de quinze jours sur la base aérienne d'Évreux, pendant les vacances de Pâques. J'y retrouve une centaine de candidats. Cours théoriques, éléments de droit, techniques d'interpellation, maniement des armes sont au programme et je me régale comme jamais. Je termine le stage major de promotion. Ma première médaille. Je suis alors fier et impatient de servir. Mais je n'ai que dix-sept ans et demi, je dois attendre septembre et mon dix-huitième anniversaire pour intégrer la réserve.

Dès lors, je réponds présent dès que je peux. J'aime les missions de gendarmerie parce que nous sommes au service des gens, au contact des populations, souvent loin des grandes villes. Je fais beaucoup d'interventions, souvent en équipe avec l'un des formateurs rencontré lors du stage de recrutement à Évreux, Vincent Crase, qui devient mon ami.

Je rencontre également Sébastien Lecornu, réserviste comme moi, qui deviendra quelques années plus tard maire de Vernon, président du département de l'Eure et secrétaire d'État auprès du ministre de la Transition écologique et solidaire en 2017. Un soir que nous rentrons d'une patrouille sans histoire, deux types à bord d'une Clio grise attirent notre attention. Je suis au volant. J'entame une manœuvre pour me rapprocher d'eux, afin d'aller les contrôler, quand, soudain, ils nous foncent dessus par la droite, à hauteur de la porte avant, directement sur Sébastien qui se cramponne au tableau de bord. J'enfonce la pédale d'accélérateur et je tourne le volant à fond dans un grand crissement de pneus. La manœuvre met la Clio dans le vent, de justesse. Sébastien lâche un gros soupir de soulagement. On l'a échappé belle, surtout lui.

Le lendemain, je patrouille avec Vincent Crase dans la voiture du commandant en second. Petit circuit habituel, rien à signaler. Je m'apprête à reprendre le chemin de la caserne lorsque soudain :

— Vincent, là, regarde, la Clio, celle d'hier.

— Vu, fais demi-tour, je préviens le Central. « Golf 40, de P2R, véhicule suspect au pk 207, direction Évreux, procédons à un contrôle. »

— Mince, ils nous ont vus, ils détalent.

— On les suit, vas-y. « Golf 40, de P2R, le véhicule suspect prend la fuite direction Évreux. On le prend en chasse. »

La course-poursuite démarre en trombe, la montée d'adrénaline aussi. Je suis cramponné au volant, concentré sur les manœuvres pour éviter les autres usagers tout en essayant de ne pas me faire distancer. Vincent reste en liaison radio constante avec le CORG, le Centre d'opérations et de renseignement de la gendarmerie. Devant nous, le passager de la Clio est très occupé à jeter des petits paquets marron par sa fenêtre. Les fuyards se débarrassent de leur cargaison. Après une douzaine de kilomètres de poursuite, la Clio s'engage sur un parking, saute quelques trottoirs mais cale sur le dernier obstacle, trop haut pour elle. Le conducteur est le premier à s'en extraire et s'enfuit à toutes jambes. Le passager n'arrive pas à ouvrir sa portière, déformée par le choc. Vincent, qui s'est précipité dehors, lui passe les menottes.

Lorsque les renforts arrivent, ils n'ont plus qu'à cueillir l'homme pour le conduire à la gendarmerie la plus proche. Pour nous, en revanche, la suite s'annonce plus compliquée. Les bordures de trottoir ont également été fatales à notre véhicule, mis à notre disposition par le commandant en second.

Il est furieux et nous prenons un sacré savon en rentrant. On se retrouve tous les deux longuement questionnés sur le déroulement des faits. Un officier mène les débats sans ménagement.

— Vous avez engagé la poursuite sans autorisation !

C'est faux, évidemment, puisque durant toute la séquence Vincent a informé le CORG par radio sans jamais recevoir d'ordre contraire.

Quand nous sortons des locaux, il fait nuit et je suis épuisé. Je réalise que les priorités de l'état-major passent avant tout par la préservation de son parc automobile plutôt que par l'arrestation des dealers. Le passager lanceur de drogue a eu plus de chance que nous. Voilà longtemps qu'il est rentré chez lui. Les collègues n'ont pas retrouvé un seul des pains de résine de cannabis semés tout au long du parcours. Faute d'éléments matériels, le procureur a donc renoncé à toute poursuite.

Vincent a écopé d'une sanction, et moi, j'ai ravalé ma déception. Mais j'ai continué. Entre 2009 et 2015, j'ai fait plus de deux cent jours de réserve, participé à une cinquantaine d'interpellations et validé mes compétences en décrochant le diplôme d'aptitude de réserve, le DAR.

6

Service d'ordre

29 janvier 2009. Jour de manifestation à Paris.

Je suis en visite chez ma tante. La gauche et les syndicats ont appelé à une grande manifestation contre la politique du gouvernement. Je veux voir ça. Alors, je me plante sur la place de la Bastille, point de départ annoncé du cortège.

La foule est dense, ça se bouscule pas mal, lorsque j'aperçois devant moi Éric Plumer, le patron du service d'ordre du PS. Il est facilement reconnaissable, avec sa silhouette massive et son crâne lisse. Je l'ai vu à la télévision quelques semaines auparavant dans un reportage, et j'ai bien aimé son discours. Il est en pleine action. La redoutée première secrétaire du PS, Martine Aubry, va arriver. Elle doit aller saluer les leaders syndicaux placés au premier rang. Plumer et ses hommes doivent lui ménager un couloir et la protéger d'éventuels agresseurs. On a beau être entre gens de gauche, on ne sait jamais.

Profitant d'une accalmie, je m'approche de lui.

— Bonjour monsieur Plumer. Il n'y aurait pas une petite place pour moi ?

— Tu sais faire quoi, mon garçon ?

— J'ai un peu d'expérience comme portier de nuit, j'ai fait aussi le festival du film de Cabourg. J'aimerais bien travailler avec vous.

— Bon, je vais te mettre avec un de mes gars, un chef de groupe. Tu regardes, tu écoutes. C'est tout.

Accroché aux basques du chef de groupe, je me retrouve dans le joyeux vacarme d'une manifestation et dans la fumée des stands de merguez. À la fin, il glisse un mot dans l'oreille de Plumer, qui me fait signe. Je m'approche.

— C'est bon, passe me voir un de ces jours à Solfé.

Je rentre à Bernay tout content de ce contact prometteur. Tout en préparant l'examen du baccalauréat, je réussis les tests de préparation de la réserve opérationnelle de la gendarmerie. Et, puisque les révisions me laissent un peu de temps libre, je file à Paris début mai, au siège du Parti socialiste. J'ai rendez-vous avec Éric Plumer.

— Salut, gamin. Qu'est-ce que tu m'as amené, là ?

— C'est mon book, monsieur Plumer, avec les photos au festival du film de Cabourg, comme je vous avais dit.

— Ouais. Fais voir ça…

— Et depuis que je vous ai parlé en janvier, j'ai été pris à la réserve de la gendarmerie, j'attends la rentrée, quand j'aurai dix-huit ans, pour avoir mes premières missions.

— Bon, voilà ce que je te propose. Tu vas venir, le 13, au Cirque d'Hiver. On a un grand meeting à assurer. Je te filerai un truc à faire et on verra comment tu t'en sors. Évidemment, c'est pas payé, mais t'auras à bouffer et à boire.

Le soir du 13, je suis au rendez-vous avec une heure d'avance. J'ai mis mon costume noir, ma chemise blanche. La tenue de l'agent de sécurité. Plumer me confie la garde d'une porte stratégique que personne ne doit franchir. Pendant des heures, je reste debout, les mains dans le dos, essayant d'avoir l'air suffisamment rogue pour décourager toute tentative d'intrusion. J'entends au loin les clameurs de la foule dans la salle, scandant les discours à coups d'applaudissements, je vois passer des tas de gens très affairés, surtout au moment d'aller vers le buffet. Je ne bouge pas. Bien m'en prend, car, en fait, il s'agit de mon examen de passage. La porte derrière moi, c'est celle du placard à balais. Plumer voulait savoir si j'étais capable de respecter ses consignes, et l'un de ses hommes était passé à plusieurs reprises pour vérifier ma présence.

Une fois adoubé, je suis intégré aux équipes de gros bras. Chaque semaine, Éric m'appelle pour aller sur une manifestation ou accompagner un dirigeant du parti. J'apprends les rituels obligés. Pour mon premier déplacement dans l'est de la France, le rendez-vous a été fixé à 6 heures du matin, devant Solferino.

À l'heure dite, j'embarque dans la 807 noire, en compagnie d'Éric et de trois autres malabars, 600 kilos à eux tous. Le van encaisse la charge, pliant sur ses amortisseurs, et nous filons par l'autoroute A4. Deux heures plus tard, le chauffeur prend une bretelle vers une aire de repos. Il fait une annonce à mon intention.

— Il est 8 heures, c'est le casse-croûte.

Tout le monde descend. En quelques secondes, la table est mise. Menu unique composé de charcuterie, fromage et rouge à volonté, même pour le conducteur. J'ouvre de grands yeux et me tiens sagement à distance.

Autre rituel – celui du soir – après le meeting, quand tout s'est bien passé. Le service d'ordre se retrouve dans la chambre d'hôtel de l'un d'entre nous pour vider une bouteille de whisky, de préférence du bon.

— C'est l'apéro avant l'apéro, m'explique-t-on la première fois.

Ensuite, ça continue sans modération. La tablée se transforme rapidement en remake des *Tontons flingueurs*, dialogues à la Audiard garantis. J'ai dix-huit ans, je n'en perds pas une miette, je fais mon apprentissage.

En quelques semaines, je me glisse dans l'organisation d'Éric et je m'y fais ma place. Je suis sérieux, discipliné et attentif. Ma présence est même jugée « discrète et rassurante » par la cheffe de cabinet de Martine Aubry, la patronne du parti. Éric me propose alors de travailler à plein temps pour lui.

Officiellement, je suis gardien au siège du parti, moyennant un salaire modeste. La tâche consiste à fermer la porte à clé derrière le dernier occupant qui sort et à dormir jusqu'au lendemain. J'assurerai la protection des cadres du parti dans les différentes campagnes (cantonales, régionales, etc.) et aussi dans les manifestations, notamment les cortèges du 1er Mai et les manifs des retraites en 2010. J'en profite aussi pour bosser – un peu – mes cours de droit. Je retourne dans l'Eure enfiler mon uniforme de gendarme réserviste lors de mes jours de congés.

Disponible pour le parti, je me retrouve affecté à la protection de la première secrétaire, ce qui arrange tout le monde car les volontaires ne se bousculent pas pour être à ses côtés. Elle a un caractère très affirmé et cela engendre souvent quelques frictions. Je l'accompagne désormais systématiquement. Je crois qu'elle m'aime bien. Je passe plusieurs mois à ses côtés. J'appendrai plus tard la raison de ma promotion. La première secrétaire du PS trouvait que les gros bras de son service d'ordre n'étaient pas vraiment photogéniques et ne faisaient pas sérieux sur les images à la télévision. Sa directrice de la communication avait expressément demandé à Éric que je sois, avec deux autres personnes plus discrètes – une femme et un policier de la SUGE –, en charge de la protection rapprochée de Martine Aubry.

Octobre 2011. Martine Aubry est battue aux primaires de la gauche. Quelques jours plus tard, elle me glisse un précieux conseil :

— Vous devriez rejoindre l'équipe de François Hollande. Pour vous, ce sera plus intéressant.

Je ne me le fais pas dire deux fois. Éric Plumer est d'abord réticent, mais finit par m'intégrer dans l'équipe.

Je vais vivre de l'intérieur ma première campagne présidentielle.

7

Campagne hollandaise

59, avenue de Ségur. C'est dans ce grand bâtiment de quatre étages, véritable fourmilière militante, dont il faut assurer la sécurité jour et nuit, que je vais dorénavant passer le plus clair de mon temps.

Lorsque nous ne sommes pas en déplacement, nous passons nos journées au siège de campagne du candidat socialiste. Nous attendons les consignes dans une grande pièce, au rez-de-chaussée, en compagnie des policiers du SDLP. J'observe attentivement ce qui se passe autour de moi.

J'aime tout de suite cette ambiance électrique, concentrée, où chacun a une tâche de la plus haute importance à accomplir, où le destin du candidat et de la France se joue. Je suis incapable de quitter les lieux, même pour aller me reposer. Je ne veux rien manquer. J'étudie avec attention tout ce qui se passe : les stratégies mises en place en matière de sécurité bien sûr, mais aussi, plus globalement, le ballet des courtisans, l'amertume des éconduits, le ravissement des élus, ceux qui peuvent entrer dans le bureau du candidat du PS, ceux qui sont invités aux réunions stratégiques, ceux qui intriguent pour se rapprocher du pouvoir. Chaque représentant d'une tendance du parti est là en permanence. Il faut occuper l'espace. Sans nous en rendre compte, nous devenons une source d'information pour les politiques, un sésame important pour accéder aux lieux stratégiques.

Sous les ordres d'Isabelle Sima, la future cheffe de cabinet du Président, Éric Plumer dirige les équipes. Nous prenons vite l'habitude de déjeuner dans un petit bistrot, juste à côté, sympa et doté d'une carte des vins que mes collègues se font un devoir d'étudier à fond, en véritables expérimentateurs.

Lorsque je rejoins le staff, en octobre 2011, la question du moment concerne l'arrivée d'une équipe de policiers du SDLP, le Service de la protection, chargé par le ministère de l'Intérieur d'assurer la sécurité du candidat. Je comprends vite qu'il ne s'agit pas de simples affectations mais de choix stratégiques. Certains gèrent leur carrière.

— Il n'y a que dix postes et les places sont chères, m'explique un ancien qui a plusieurs campagnes à son actif. Les flics veulent se placer auprès d'un candidat qui a ses chances pour aller au Château. L'Élysée, c'est leur Graal.

Au SDLP, c'est la foire d'empoigne. Finalement, Gilles Furigo, le chef du service, propose trois listes de dix noms chacune. Trois « écuries » concurrentes, toutes menées par des proches du candidat. On y retrouve un peu de tout : un ancien garde du corps de Jospin, un secrétaire de section du PS, un exilé chez les CRS qui veut revenir dans la lumière. Éric Plumer a aussi ses têtes et veut à tout prix écarter certains noms. Il les aura quand même. La tambouille opaque s'est mijotée dans l'entourage de Hollande, sur des critères assez éloignés de la compétence professionnelle. Il faudra faire avec.

Cet épisode me fait comprendre les jeux d'alliances successives, de trahisons et de rapports de forces. Je vois comment chacun avance ses pions pour défendre ses propres intérêts et non pas ceux de leur mission ni du candidat.

Je passe de moins en moins de temps au QG, les meetings se succédant à un rythme soutenu. Je fais tous les repérages en compagnie d'un policier et du responsable presse, puis j'en rends compte. Tout se déroule sans accroc, malgré, parfois, quelques scènes cocasses, comme le 17 mars, pour le grand meeting sur l'Europe au Cirque d'Hiver. La salle est pleine, des personnalités de tous horizons ont pris d'assaut les premiers rangs : comédiens, réalisateurs célèbres, chanteurs et romanciers côtoient des leaders politiques venus de toute l'Europe. Du très beau monde. Dehors, des centaines de membres des comités de soutien font la queue en espérant avoir un strapontin. Je suis en haut des marches de l'entrée, lorsque j'aperçois une dame très élégante qui fend la foule, une carte tricolore à la main.

— Laissez-moi passer, laissez-moi passer, je suis députée, je dois entrer.

Disciplinés, les gens s'écartent, résignés à se laisser doubler. Puis Éric, alerté par les vociférations de la dame, surgit des coulisses. Il se plante devant elle, l'obligeant à s'arrêter. 1,95 mètre, 170 kilos, ça force le respect. Éric ne lui laisse pas le temps de protester.

— Mais t'es qui, c*** ? T'es députée ? Mais c'est grâce à tous ceux qui sont là et que t'as doublés, ceux qui ont collé tes affiches, qui ont voté pour toi. Alors tu vas derrière et tu fais la queue.

Pas très élégant, mais efficace. Un murmure d'approbation parcourt la file d'attente tandis que la dame remballe sa carte tricolore et s'esquive. Il est comme ça Éric, capable de mettre à l'amende un préfet ou un commissaire de police lorsqu'il le faut. L'important, c'est que le boulot soit bien fait.

— Il n'y a que ça qui compte.

Une commandante de police va l'apprendre à ses dépens...

Fin mars 2012, Mayotte. Visite du candidat socialiste.

J'ai effectué les repérages quelques jours avant, et moi seul connais l'itinéraire à suivre pour rejoindre l'hôtel du candidat et de son équipe. J'ai d'ailleurs la clé de la chambre de François Hollande dans ma poche. L'avion venant de Paris s'est posé sur

Petite-Terre, la plus petite des deux îles, puis nous avons embarqué sur un bateau qui fait la navette avec Grande-Terre, où se trouve la capitale, Mamoudzou. Arrivé à quai, je précède le groupe qui traverse la foule, dans une certaine cohue. Je donne par radio les premières indications pour guider tout le monde. La commandante qui dirige l'équipe du SDLP prend un coup de sang en m'entendant sur les ondes et ordonne aussitôt à ses hommes de changer de canal. Résultat, un cafouillage géant, et un candidat qui se retrouve devant la porte de sa chambre fermée à clé, sans la clé. Privé de tout contact avec le groupe, je n'ai pu les rejoindre que quelques minutes plus tard avec le précieux sésame.

Le soir même, je raconte l'incident à Éric, qui se trouve à La Réunion, prochaine étape du voyage.

— Ne t'inquiète pas, me dit-il. On va s'occuper d'elle.

Effectivement, lorsque la délégation arrive à Saint-Denis de La Réunion, Éric fait monter tout le monde dans les voitures et donne le top départ. Le cortège file vers le centre-ville, sous les yeux de la commandante de police, avec ses deux valises et sa housse à costume. Commentaire d'Éric :

— Elle ne sert à rien. Alors autant qu'elle aille directement à l'hôtel.

6 mai 2012.

Le soir de la victoire, pendant que le candidat fraîchement élu savoure sa victoire avec ses électeurs à Tulle, en Corrèze, je me trouve place de la Bastille, avec les équipes, pour préparer son arrivée.

La soirée s'annonce compliquée pour contenir tous ceux qui veulent entrer sous la tente VIP. C'est de la folie furieuse. La place est noire de monde. Pour faire patienter la foule, les artistes et politiques se succèdent au micro. Même Ségolène Royal, malgré une campagne compliquée où nous avons dû jongler pour qu'elle ne croise jamais la nouvelle compagne du candidat, Valérie Trierweiler, monte sur scène. Il est plus de minuit quand le candidat salue enfin l'immense foule venue l'acclamer.

La liesse emporte tout, il y a des gens partout, c'est un gigantesque bazar au milieu duquel le service d'ordre est rapidement débordé. Pour repartir, j'ai demandé à la préfecture de Police d'envoyer une escorte de motards afin d'ouvrir la route à la voiture présidentielle.

— Pas de problème, on vous envoie du monde.

Sauf que je ne vois rien venir. Et pour cause, la préfecture les a envoyés à Solferino, au siège du PS. Aux grands maux, les grands remèdes : il faut donc ouvrir le passage « à la main », avec des gens devant la voiture qui avance au pas tant la foule est dense.

Le Président a ouvert sa vitre à l'arrière et salue, le bras droit hors de l'habitacle. Il est aussitôt saisi par des mains qui s'agrippent et que je dois repousser, en courant à côté de la voiture, collé à la portière. Je revois un instant ces images de présidents américains et de leurs gardes du corps cavalant à côté des limousines, et cela me fait sourire intérieurement. Je pense à ma mère et je me dis qu'elle serait fière de moi si elle me voyait. Puis la foule se fait moins dense, la voiture prend de la vitesse, je m'arrête et la regarde partir, poursuivie par une meute affolante de deux-roues et de véhicules de toutes sortes.

C'est fini pour moi, je le devine. Les jours suivants, je fais quelques visites de préparation à l'Élysée afin de bien caler la cérémonie de passation de pouvoir. Il s'agit essentiellement de points de détail. Je sais que l'aventure s'arrête là. D'ailleurs, tous les anciens du service d'ordre du parti me le confirment.

— De tous ceux qui ont fait les campagnes de Mitterrand, aucun n'a été appelé au Château. On donne tout, mais on reste à la grille. C'est comme ça, petit.

Je termine de ranger mes affaires au QG de campagne quand un collaborateur d'Arnaud Montebourg m'aborde. « Le nouveau ministre de l'Économie va avoir besoin d'un chauffeur. Ça t'intéresse ? »

8

Arnaud fait du vélo

Chauffeur de ministre, ce n'est pas le job de mes rêves, mais j'ai besoin de gagner ma vie, alors en attendant une autre opportunité, je passe mes journées derrière un volant. Le plus souvent à l'arrêt, d'ailleurs.

J'attends le patron en bavardant avec le « siège », l'officier du SDLP affecté à la sécurité du ministre, toujours assis à l'avant. D'où son surnom.

Les premières semaines se passent bien. Le mois de juillet arrive, Paris se vide doucement de ses citadins stressés partis chercher soleil et repos dans le Sud. Un soir de fin de semaine, le ministre m'avise d'un déplacement prévu pour le dimanche suivant. Il doit assister au spectacle de danse de sa fille, du côté de la porte de Versailles.

Le jour dit, je le récupère en bas de chez lui en tout début d'après-midi. Pour cette sortie privée, le ministre n'a pas jugé bon de mobiliser l'officier de sécurité. Nous filons sans encombre jusqu'à la salle de danse, je m'arrête et le ministre disparaît dans la petite foule des parents venus applaudir leurs prodiges. Je recule mon siège, prends mon bouquin dans la boîte à gants et m'absorbe dans ma lecture. C'est le gros avantage de ce boulot : j'ai le temps de lire.

L'après-midi touche à sa fin quand mon téléphone grésille. Sur l'écran, un SMS laconique du ministre : « Venez. » Je range mon livre, sors et me dirige vers la salle. Le spectacle est terminé, les parents sont debout dans le hall. Montebourg me fait signe.

— Alexandre, il fait beau, je vais rentrer à vélo. Trouvez-moi un Vélib'.

Je me dirige vers la station Vélib' la plus proche pour récupérer un vélo en libre-service. En chemin, j'appelle la permanence de la préfecture de Police.

— Bonjour, c'est Alexandre Benalla, le chauffeur d'Arnaud Montebourg. Le ministre va faire un trajet à vélo. Est-ce que vous pouvez envoyer un motard ou une patrouille cycliste pour assurer sa protection ?

— Négatif. Les consignes ont changé, pour mobiliser un effectif, il faut passer par le cabinet du Premier ministre.

Bon, compris, je vais me débrouiller seul.

Montebourg enfourche son Vélib' et remonte le boulevard Lefebvre à grands coups de pédales. Je lui colle à la roue, au volant de la 508, gyrophare sur le toit, feux de détresse allumés, pour prévenir les autres usagers de mon allure anormalement lente. Heureusement, la circulation est assez fluide. N'empêche, du point de vue de la sécurité, c'est n'importe quoi, surtout lorsque le ministre se met à remonter les rues en sens interdit et à griller les feux rouges sur son engin. Impossible pour moi de décrocher, au risque de le perdre de vue. Alors je le suis, au grand dam des automobilistes qui me voient arriver à contre-sens.

Et pourtant, tout cela n'est rien en comparaison de ce qui m'attend. Nous approchons de Bercy, lorsque Montebourg s'engage dans une voie interdite aux vélos. Je fais des appels de phares désespérés en direction du ministre, j'actionne même le klaxon deux tons, en vain. Montebourg pédale de plus belle. Après quelques centaines de mètres à haut risque, doublé par des véhicules qui filent à 80 km/h, le Vélib' ministériel prend à droite et se retrouve sur les quais de Seine, une voie tout aussi interdite et dangereuse pour un vélocipède.

Nous sommes maintenant tout proches du ministère des Finances. Montebourg regagne les rues parisiennes et s'arrête devant une station Vélib', fatigué et souriant. Une fois le vélo raccroché, il monte dans la voiture, tout content de sa virée. Je tente une mise en garde prudente.

— Vous savez, vous ne devriez pas faire ça. C'est très dangereux. Et vous risquez d'être photographié en train de commettre une infraction au code de la route. La photo se retrouvera en une des journaux. C'est pas bon du tout.

— Alexandre, on s'en fout. On s'amuse !

Le lundi matin, j'avise Christophe Lantoine, son chef de cabinet, afin qu'il explique au ministre de façon plus ferme – lui peut se le permettre – qu'il y a des choses à ne pas faire. Les deux hommes se parlent, mais l'effet escompté n'est pas au rendez-vous. Au lieu de ramener Montebourg à des comportements plus civils, mon avertissement est vécu comme un affront et déclenche la fureur du ministre.

En outre, Éric Plumer, le chef du service d'ordre du PS, ne verrait pas d'un mauvais œil ma mise à l'écart. J'aime bien Éric, mais il a aussi ses mauvais côtés, et il a du mal à supporter que je sois le seul, de tout le service d'ordre, à avoir obtenu un job officiel après la campagne. Il avait d'ailleurs essayé de me dissuader d'accepter lorsque je lui avais parlé de cette proposition.

— Tu devrais plutôt finir tes études, pense à ton avenir, c'est pas un truc pour toi, ce poste.

Mon sort est scellé.

Un lundi matin, fin juillet, je vais récupérer la 508 dans les parkings de Bercy, au sous-sol. La portière arrière gauche est complètement enfoncée. Le soir même, je suis convoqué par le chef de cabinet qui m'accuse d'avoir détérioré la voiture. Je suis viré *manu militari*.

Je ne discute même pas. C'est inutile. Un douanier qui était de garde au ministère ce week-end-là a vu un membre du cabinet partir au volant de la 508 le vendredi soir. Il me l'a dit. Arnaud Montebourg cherchait un prétexte pour me renvoyer. Il l'a trouvé.

Je fais mes cartons, direction la Normandie. Je termine ma licence de droit à Rouen, je continue mes missions dans la réserve de la gendarmerie, je me remets à la boxe pour garder la forme et je gagne ma vie comme portier plusieurs soirs par semaine à l'Euroclub, un bar de nuit de la vieille ville. Tout va bien.

9

Sécurité privée

Octobre 2014.

Je quitte Rouen pour entrer au service du groupe Velours International, spécialisé dans la sécurité. Son directeur général, Jean-Maurice Bernard, aime mon profil. J'ai un diplôme de droit, l'expérience de la gendarmerie et d'une campagne présidentielle victorieuse, et des contacts. Je vais travailler à ses côtés pour développer les activités du groupe. J'ai, depuis 2012 et mon départ de Bercy, effectué de nombreuses missions pour eux.

Avec Jean-Maurice Bernard, j'apprends la dimension internationale de l'activité de sécurité que je n'ai jamais approchée. C'est passionnant. Je suis une éponge et j'adore intégrer de nouvelles informations. Mon cerveau fonctionne à plein régime dans ces moments-là. J'ai plusieurs missions, dont la sécurisation d'un site sensible, la protection rapprochée de personnalités du Moyen-Orient ou le développement d'une filière de formation.

L'ambiance familiale du groupe favorise les contacts. Je me fais très vite de nouveaux copains, anciens militaires des forces spéciales, anciens du GIGN ou de la DGSE, des profils très pointus, avec des états de service longs comme le bras, mais d'une discrétion absolue. Dans ce milieu, les tartarins ne font pas long feu.

En 2015, Jean-Maurice Bernard évoque la possibilité de monter une filiale du groupe au Maroc, essentiellement pour y implanter le pôle formation. Je suis évidemment très intéressé par le projet. C'est le pays de mes parents, et il est question de me donner la direction du bureau. Mais un soir d'automne 2015 va en décider autrement.

Ce soir-là, je prends un verre avec François, un copain, ancien commando marine :

— Alex, on cherche du monde dans une organisation internationale, tu as le bon profil. Tu devrais jeter un coup d'œil.

L'Office européen des brevets recrute un expert en sûreté et sécurité pour son président, Benoît Battistelli. Je passe l'entretien d'embauche et, début 2016, deviens fonctionnaire international. Je suis rattaché à Benoît Battistelli avec un de mes anciens camarades du GSPR sous Chirac. Il travaille entre Munich et Paris, et passe régulièrement à la mairie de Saint-Germain-en-Laye, où il occupe le poste d'adjoint à la culture.

Je gagne bien ma vie, je voyage et j'ai même encore assez de temps libre pour donner un coup de main bénévole à mon copain Jean-Marc Mormeck, ancien champion de boxe nommé en mars 2016 délégué interministériel à l'égalité des chances des Français d'outre-mer. Je fais office de chef de cabinet et l'aide à organiser ses déplacements, notamment en banlieue.

10

Retard

Septembre 2016.

L'heure tourne et je vais être très en retard à mon rendez-vous. Mais je ne peux rien y faire. Impossible de planter sur le trottoir le patron de l'Office européen des brevets, Benoît Battistelli, au prétexte que j'ai autre chose à faire. Dans ce métier, les horaires n'existent pas, et les 35 heures, on les fait le plus souvent en deux jours. Ce n'est qu'une fois le patron raccompagné à son domicile que j'ai pu filer vers la Mutualité.

Le destin tient parfois à pas grand-chose. Comme la patience infinie d'un homme, ce soir-là. Il s'appelle Ludovic Chaker, il est le tout nouveau secrétaire général du tout nouveau parti politique En Marche. Il m'a donné rendez-vous dans un café, le Saint-Victor, en face de la Mutualité, dans le Ve arrondissement de Paris. Et il m'attend depuis quarante minutes. À ce niveau, ce n'est plus du retard, c'est une absence.

Quand je pénètre enfin dans la brasserie, je suis persuadé que Ludovic Chaker, lassé de m'attendre, est parti. Le délai de décence est largement dépassé. Je fais un rapide tour d'horizon des quelques tables, occupées essentiellement par des touristes. Il flotte dans l'air une bonne odeur de cuisine familiale, le parquet et le grand comptoir en bois donnent une impression très cosy. On se sent presque comme « à la maison » dans cette ambiance feutrée, bien loin du tintamarre de certains établissements parisiens. Je suis sur le point de faire demi-tour lorsqu'un type installé au fond de la grande salle me fait un signe discret.

Les présentations sont de pure forme. Lui et moi avons un ami commun, un ancien du GIGN, et c'est lui qui a organisé le rendez-vous après avoir donné à chacun quelques éléments succincts de biographie. Je sais ainsi que Ludovic est un ancien militaire, officier de réserve passé par la DGSE, qu'il est diplômé de Sciences-Po, expert en arts martiaux et qu'il parle parfaitement le mandarin. Ces quelques informations, et la confiance que lui porte mon ami, me suffisent pour savoir à qui j'ai affaire.

Ludovic me gratifie quand même, en guise d'apéritif, de quelques remarques assassines concernant l'horaire. J'encaisse avec le sourire. Puis il entre dans le vif du sujet.

— On m'a parlé de toi. Des gens t'ont vu en 2012, sur la campagne de François Hollande.

Ils t'ont trouvé bon. En plus, il paraît que t'es un débrouillard.

J'écoute sagement en sirotant un jus de citron.

— J'ai besoin de quelqu'un pour prendre en charge la sécurité de Macron pendant la campagne électorale. Le ministère de l'Intérieur a refusé de lui fournir une protection. Bon, je te le dis tout de suite, c'est temporaire, pour deux ou trois mois. Et surtout, ce n'est pas payé.

Super, le deal. Quitter un boulot avec un statut de fonctionnaire international et un salaire à cinq chiffres, où je travaille trois jours à Munich, deux jours à Paris, pour aller faire du bénévolat. Quel fou peut accepter un tel marché ? Moi, mais pas tout de suite, bien sûr.

Je demande un délai de réflexion, pour la forme, car je sais d'emblée que je vais y aller. Faire une campagne présidentielle, ça ne se refuse pas. Ce que j'ai vécu en 2012 est encore bien présent dans mon esprit. On ne peut pas imaginer ce que l'on ressent pendant ces semaines de course folle, haletante, plongé au cœur d'un événement qui va faire partie de l'histoire du pays. C'est grandiose, exaltant, unique. Alors, pour revivre ça, je veux bien sacrifier tout le reste.

Deux jours plus tard, je revois Ludovic Chaker au siège d'En Marche, dans les locaux du boulevard Raspail. Je devrais plutôt écrire « le local », car le parti d'Emmanuel Macron tient tout entier dans une seule pièce, au fond d'une cour. L'endroit tient plus de l'entrepôt d'un chineur que de la start-up. C'est un véritable capharnaüm encombré de piles de dossiers, de vieux meubles et d'objets hétéroclites. La lumière du jour n'y entre que par une porte vitrée, bien insuffisante pour qu'on y voit clair, même à midi. Ludovic préfère m'entraîner dans la cour pour discuter.

Je lui expose la façon dont j'envisage ma mission, les moyens à mettre en œuvre, les gens sur qui s'appuyer, parce que, si le job m'intéresse, il n'est pas question pour moi de bricoler avec des bouts de ficelle. La sécurité d'un candidat à la présidence ne tolère pas l'amateurisme. Il faut des professionnels capables de gérer toutes les situations, y compris les plus hostiles. Je connais bien ce milieu, j'ai les contacts et de bons amis qui accepteraient sans doute de venir donner un coup de main gratuitement.

Un meeting, ce n'est pas seulement le candidat sur l'estrade, sous les projecteurs. C'est aussi une salle à préparer, des centaines de chaises à aligner – et à ranger après –, des barrières à installer, des accueils pour la presse, les invités, le public, et mille autres choses encore. Une bonne organisation est toujours un gage de tranquillité. Des accès mal fichus ou une sono inaudible peuvent générer des mouvements de mauvaise humeur de la foule, des bousculades, voire des bagarres. Assurer la sérénité des débats fait partie intégrante de la sécurité. Il faut donc s'appuyer sur les bénévoles qui fournissent un travail considérable et sans lesquels rien n'est possible. Je dois avoir accès à un fichier permettant de mobiliser pour chaque opération plusieurs dizaines de personnes de bonne volonté dans les grandes villes du pays. Mon interlocuteur approuve. On va pouvoir travailler.

— Il faut que tu voies Macron, me dit Ludovic en me raccompagnant vers la sortie.

Je quitte mes fonctions à l'Office des brevets en ayant pris soin d'organiser mon remplacement au pied levé et avec la bénédiction de Benoît Battistelli, qui a bien compris l'opportunité et l'enjeu.

En Marche en a profité pour déménager vers la tour Montparnasse. Le jeune parti grandit vite et a besoin d'espace. Situé entre deux étages totalement vides et interdits d'accès par de grandes bâches ponctuées d'avertissements tels que « Désamiantage en cours » ou « Entrée interdite », l'endroit est assez étrange. Il se compose d'un grand plateau, avec des tables, des ordinateurs, des piles d'imprimés et d'affiches, plein de bonbons et de boissons, ainsi que de quelques bureaux réservés au « carré de tête », les stratèges de la campagne.

Ludovic fait les présentations : je salue Sibeth Ndiaye, chargée de la presse ; Ismaël Emelien, conseiller spécial ; Julien Denormandie, grand copain d'Ismaël et ancien directeur adjoint du cabinet d'Emmanuel Macron à

Bercy ; Sophie Ferracci, cheffe de cabinet et indispensable organisatrice de l'agenda du candidat. Il y a enfin Jean-Marie Girier, l'ancien chef de cabinet de Gérard Collomb à Lyon, venu en observateur, histoire de raconter à son patron ce qui se passe chez En Marche. On ne sait jamais, cela pourrait devenir intéressant…

— Bon, maintenant tu vas dire bonjour au principal intéressé, me prévient Ludovic en m'entraînant vers le seul bureau que je n'ai pas encore visité.

Emmanuel Macron, en grande conversation avec sa secrétaire personnelle, s'interrompt en me voyant arriver et me tend la main.

— Alexandre, c'est ça ? Bien, tu commences quand ?

Direct, le regard droit planté dans mes yeux, la poignée ferme et franche, il se passe chez moi un truc immédiat. Le contact est total. Je sais que je vais le suivre.

11

Marche parisienne

Deux jours plus tard, je marche à côté de lui. Le candidat d'En Marche aime beaucoup marcher. Avec lui, j'avale des kilomètres de bitume parisien. La voiture n'est jamais loin, on ne sait jamais, mais on marche. C'est comme cela qu'un matin, alors qu'il est attendu près des Invalides pour un déjeuner important, on se retrouve près de Notre-Dame. Il sort en retard d'un rendez-vous et je le presse de rejoindre la voiture. Au QG de campagne, sa cheffe de cabinet, l'œil rivé sur la pendule, ne cesse de m'appeler sur mon portable.

— Mais qu'est-ce que vous faites, bon sang ? Dépêchez-vous.

Je signale poliment au candidat qu'il nous faut accélérer.

— D'accord. Mais d'abord, on marche un peu.

Nous voilà partis à grandes enjambées pour traverser le pont qui mène au bas du boulevard Saint-Michel. Soudain, une femme se précipite sur lui et s'agrippe à son bras. J'esquisse un geste, Macron me fait un signe du regard, genre tout va bien.

— Ah, monsieur Macron, comme je suis contente de vous voir, on vous aime beaucoup, vous savez.

Elle est si heureuse, cette dame, la quarantaine bien sonnée, habillée avec soin comme savent le faire les provinciaux quand ils « montent » à la capitale. Elle vient du centre de la France, avec d'autres femmes qui élèvent seules leurs enfants. Elles ont été invitées par la déléguée du préfet à l'Égalité des chances pour une visite parisienne. Elle désigne le groupe, un peu plus loin. Ni une ni deux, le candidat se dirige vers elles et se fait totalement absorber par ces mamans endimanchées. Il serre les mains, embrasse, écoute. Pourtant, il n'y a ni photographes ni caméras. J'ai accompagné beaucoup de politiques, je sais que tous se seraient contentés d'effleurer du bout des doigts quelques mains tendues, avant de tourner les talons vite fait, puisqu'il n'y avait rien à gagner en matière d'image médiatique.

Mon portable n'en finit pas de vibrer. La cheffe de cabinet s'étrangle au bout du fil. J'essaie de lui expliquer la situation, en vain. Après vingt longues minutes et une nouvelle tournée d'embrassades, Emmanuel Macron, enfin, se décide à leur dire au revoir. Puis il se retourne et me fait un clin d'œil. Il est heureux. Ces rencontres, ce contact direct avec la vie, c'est ce qu'il aime. J'appelle la voiture.

Ce moment si chaleureux avec ces femmes m'a fait penser à ma mère. Elle est comme elles. Une femme courageuse, marocaine, mariée trop tôt avec un homme qu'elle a quitté quelques mois après ma naissance. De mon enfance baignée par cet amour maternel, j'ai gardé bien des souvenirs lumineux. Mais je n'ai pas oublié un jour sombre, à jamais gravé dans ma mémoire. J'avais quatre ou cinq ans, nous avions passé l'après-midi dans un modeste parc d'attractions, La Ferme du Bonheur. Rien à voir avec Disneyland, juste quelques manèges, trois poules et deux chèvres, mais assez pour faire la joie des enfants. À l'heure du goûter, maman m'avait installé à une table, dans un petit bistrot. Elle avait commandé un café, la consommation la moins chère. Puis elle avait sorti des biscuits pour mon goûter, des BN fourrés au chocolat, ceux que je préfère. Je m'apprêtais à croquer dans un gâteau quand le serveur était arrivé, en furie.

— C'est interdit d'apporter de la nourriture, vous ne savez pas ? Allez, dehors, du balai. Non mais, c'est quoi, ces gens…

Je n'ai jamais oublié cette humiliation, cette injustice. Sans doute celles qui entouraient le candidat Macron avaient-elles vécu de pareilles scènes.

En parlant avec elles, en les considérant, il me semblait qu'il rendait un peu de sa dignité à ma maman. J'en étais sûr, ce type valait vraiment le coup.

12

Air de campagne

Les semaines passent et la campagne commence sérieusement à mordre dans l'opinion.

J'accompagne le patron, j'assure sa sécurité et, surtout, j'observe. Pendant les heures passées au QG, j'analyse la façon dont la mécanique se met en place, qui fait quoi et comment. J'en profite pour me rendre disponible et aider dès que je le peux, c'est dans ma nature, j'aime ça. Cela me permet de tisser des liens avec les gens, pas seulement avec celles et ceux du carré de tête et de la garde rapprochée, mais aussi avec les petites mains – que l'on appellera bientôt les *helpers* – et avec les jeunes de l'équipe web.

L'ambiance est absolument géniale, aucune animosité, jamais de disputes. Tout le monde croit en Emmanuel Macron et travaille dur pour qu'il gagne. En retour, tous ont une relation directe avec lui, ce qui donne une force énorme à l'équipe. On se sent porté par l'événement que nous participons tous à créer.

Je suis sans doute celui qui « colle » le plus au patron, mais je n'en suis pas le plus proche pour autant. Chacun a sa place.

Les vrais intimes sont dans sa garde rapprochée et se comptent sur les doigts des deux mains. À ceux que j'ai rencontrés à mon arrivée chez En marche se sont ajoutés Stéphane Séjourné, Alexis Kohler et Sylvain Fort. Ce sont les fidèles parmi les fidèles. Avec Ludovic Chaker, Quentin Lafay, Arnaud Jolens et l'équipe web, ils constituent l'ossature de la campagne qui démarre. S'y associeront ensuite les vrais politiques, venus de l'extérieur, comme Benjamin Griveaux ou Christophe Castaner.

Et puis, il y a Brigitte Macron, très présente au QG. C'est là que je la croise pour la première fois. Je suis au secrétariat en train de bavarder lorsqu'elle arrive, souriante, laissant dans son sillage un nuage de bonne humeur.

— Bonjour Alexandre.

Elle connaît les prénoms de chacun, sait qui fait quoi et fait preuve d'une immense bienveillance à l'égard de tous, y compris et surtout des bénévoles. Elle aime d'ailleurs beaucoup l'ambiance qui règne chez les helpers et passe parfois de longs moments avec eux à plaisanter et rire. Surtout que, depuis le déménagement de Montparnasse, on a tendance à les oublier un peu car ils ont été installés deux étages en dessous de l'état-major.

Avec le déploiement de la campagne, les locaux de la tour Montparnasse sont en effet devenus trop petits.

Lorsqu'il s'est agi de trouver un nouveau point de chute, tout le monde s'est mis à chercher un peu partout, moi y compris. J'ai appelé un copain dans le cinéma, Claude, qui a l'habitude de louer des immeubles de façon temporaire pour les productions. Il m'a aussitôt proposé un super plan. L'immeuble du 59, avenue de Ségur, était libre pour quelques mois, avant sa démolition prévue ensuite. Et le 59, avenue de Ségur, je connais bien : c'est là que François Hollande avait installé son QG de campagne en 2012, lorsque j'étais à ses côtés.

L'idée est saugrenue, mais j'en parle quand même au patron, qui sourit immédiatement à cette perspective. Je lui organise donc une visite des lieux, un samedi matin, avec Brigitte, juste comme ça, pour le clin d'œil. Je vais les chercher chez eux, rue Cler, dans le VIIe arrondissement. Le candidat est reposé, en forme.

— Il fait bon, non ? Allez, on y va à pied, c'est à côté.

Une dizaine de minutes plus tard, nous sommes devant la porte. Mon copain Claude nous attend. Il compose le code, pousse le portail et s'écarte pour nous laisser passer.

La fourmilière militante que j'ai connue en 2012 est devenue un désert froid et silencieux. Le sol est jonché de papiers, les murs sont sales. Nous montons l'escalier, sur la gauche, jusqu'à l'étage « présidentiel », celui où François Hollande avait installé son bureau. Tout est pourri, ce que Brigitte traduit par un commentaire plus policé.

— C'est très défraîchi.

Emmanuel Macron jette un regard circulaire puis lâche :

— OK. On s'en va.

Il en a assez vu. C'est un autre immeuble, également proposé par mon ami Claude, qui sera retenu, au 101, rue de l'Abbé-Groult, dans le XVe. Trois étages, 1 000 mètres carrés et des peintures moins défraîchies.

Entre-temps, je me suis immergé dans le grand bain du premier meeting. Le 3 octobre, le candidat tient une réunion publique à Strasbourg. J'ai rameuté une vingtaine de professionnels, tous aguerris et compétents, qui me font confiance. Ils sont venus prêter main-forte bénévolement, parce que je le leur ai demandé. Ils sont simplement défrayés de leurs frais d'essence et de repas, sur présentation de leurs justificatifs.

Avec eux, je sais que tout ira bien.

13

Toute première fois

Le grand hall du palais des congrès de Strasbourg est plongé dans l'obscurité et le silence. J'avance sans bruit, sur la moquette bleu nuit, vers le milieu de la salle. Soudain, les projecteurs accrochés aux poutrelles métalliques du plafond s'illuminent.

— Ah, bonne idée d'allumer la lumière, me dit en souriant Arnaud Jolens, qui m'accompagne pour cette première visite.

Nous sommes fin septembre et dans quelques jours, le 3 octobre, Emmanuel Macron va tenir ici sa première réunion publique.

D'ici là, nous devons transformer cet endroit un peu austère en un lieu chaleureux et vivant, prêt à mettre en valeur le candidat et à accueillir sept cents participants et une centaine de journalistes. Pas de temps à perdre, il faut mobiliser tout le monde, contacter les bénévoles pour les réunir, relancer les prestataires pour le son et la lumière. Arnaud et moi passons nos journées et nos nuits sur le terrain pour régler le moindre détail, anticiper le moindre imprévu.

L'organisation du lieu est inhabituelle. Le fondateur d'En Marche ne veut pas de scène dominant un parterre, mais un podium assez bas, au milieu de la salle. Deux écrans géants placés de chaque côté permettent aux rangs les plus éloignés, qui ne disposent pas d'un bon point de vue en raison du dispositif « à plat », de suivre les évolutions de l'orateur.

Quelques heures avant le meeting, j'accueille mes camarades venus pour encadrer la réunion et faire en sorte que tout se passe sereinement. Ils sont d'une stature suffisamment dissuasive – ou rassurante, question de point de vue. Je répartis les équipes. À 19 heures, le candidat fait son entrée devant une foule enthousiaste. Tout le monde est à son poste.

Ce premier test grandeur nature est réussi. Pas le temps de se féliciter, le lendemain, je suis au Mans, pour la réunion du 11 octobre, prévue au Centre des expositions. On reproduit le dispositif, mais on doit rapidement modifier la configuration initiale. Les journalistes sont plus nombreux qu'à Strasbourg, il faut leur accorder plus d'espace si l'on veut éviter la bousculade, voire la bagarre. C'est bon signe, Emmanuel Macron est en train de faire sa place. Mes copains des réseaux de la sécurité sont sensibles à ce qui se passe, d'autres se portent volontaires, histoire d'être dans l'événement. J'ai bientôt une cinquantaine de noms disponibles, auxquels je ne tarde pas à faire appel.

Le 16 novembre, le patron doit faire un discours à Bobigny, en Seine-Saint-Denis. Le thème de la réunion n'est pas officiel, mais c'est un secret de polichinelle. Tout le monde sait qu'il annoncera, à cette occasion, sa candidature à l'élection présidentielle. Alors, mieux vaut ne pas se rater.

Dès la fin octobre, je fais un premier repérage des lieux, une petite salle de la Chambre des métiers et de l'artisanat. Le président de cette instance, Patrick Toulmet, est un proche du patron et l'un de ses premiers supporters.

L'endroit n'a rien de folichon et tient plus du hangar que de la salle des fêtes. Il peut accueillir une centaine de personnes, pas plus, et dispose d'accès faciles à sécuriser. Le matin de la réunion, je refais un saut sur place pour m'assurer que tout est prêt, les chaises alignées et la sono branchée. Tout se présente bien mais je trouve l'ambiance de cette journée très étrange. Il fait gris, l'autoroute A1 d'ordinaire embouteillée est quasi vide, le temps semble suspendu. L'arrivée de la trentaine de mes camarades venus donner le coup de main bénévole pour sécuriser le meeting me tire de mes réflexions. Je donne quelques consignes et je répartis les groupes, filtrage des invités, accueil presse, protection de la scène.

Il ne faut jamais croire que la partie est gagnée avant de l'avoir jouée. Le calme qui règne dans la salle, maintenant pleine, quelques minutes seulement avant l'entrée du futur candidat, est trompeur. Car, soudain, un petit groupe de jeunes encartés à la France insoumise se met à scander « Macron, enc*** ». Des malpolis auxquels il faut vite montrer la direction de la sortie. Le dernier agité a franchi la porte à l'insu de son plein gré depuis quelques secondes quand Emmanuel Macron apparaît. Ouf !

La suite de la réunion se passe sans anicroche. Le patron parle une vingtaine de minutes puis il repart en direction de Paris. Christian et moi suivons en scooter la voiture qui file vers le QG, lorsque notre roue arrière crève. Christian descend de la machine et, sans attendre, fait signe à un taxi-moto qui roulait à vide. Le pilote venait de déposer son passager, un journaliste en retard au meeting de Bobigny. Christian peut ainsi reprendre le cours de la mission tandis que j'attends sur le bas-côté que l'on vienne me dépanner. Journée étrange, décidément.

Au fil du temps, l'équipe se rode et se professionnalise. Une partie des membres de la sécurité deviennent des contractuels d'En Marche, moi compris. Avec l'accélération de la campagne et la tenue de réunions publiques de plus en plus importantes, cela s'est révélé nécessaire. Nous devons même faire appel à des sociétés privées de sécurité pour gérer la fouille du public et le contrôle des accès, ce qui ne va toutefois pas empêcher les tentatives d'intrusion.

Heureusement, à partir de janvier 2017, le candidat Macron bénéficie enfin d'une protection officielle. Des policiers du Service de la protection prennent en charge sa protection rapprochée. Mes équipes s'occupent d'un périmètre plus large. Les policiers sont parfaitement en phase avec notre organisation. Ils n'ont aucune envie d'aller au contact de militants énervés. Ils restent concentrés sur leur mission, la sécurité physique du candidat. Le reste, on s'en charge.

Pour le meeting de la porte de Versailles, une dizaine de militants d'extrême gauche réussissent à forcer une porte et à jeter des boules puantes dans la salle. Ils sont rapidement maîtrisés par mes équipes et remis à la police qui se tient à l'extérieur. À Toulon, c'est une autre paire de manches : cette fois, ils sont trois cents, tous d'extrême droite – dont certains très virulents –, à essayer d'entrer. Je rameute tout le monde et on les repousse du côté des policiers présents, au prix de quelques échanges très musclés.

À Marseille, l'extrême droite délègue une quinzaine d'olibrius pour arracher les affiches disposées dans le parc des expositions, près du stade Vélodrome.

— Alex, on a un problème, on est bloqués dans les locaux de *La Provence* par une centaine de taxis.

— Mais qu'est-ce que tu racontes ?

— Je te le dis, toutes les rues sont bouchées par les taxis, pas moyen de sortir de là.

— Les flics ?

— Ils ne peuvent pas les bouger. C'est Marseille…

— Bon, j'arrive.

Nous partons à quatre dans deux véhicules direction une zone industrielle au nord de la ville. En chemin, je consulte les images satellites sur Google Maps pour visualiser la configuration des lieux. On se gare à quelques centaines de mètres pour une première reconnaissance à pied. Le policier a raison : tout est bouché. Pas moyen d'accéder au siège du quotidien régional. En revanche, j'ai vu sur les photos qu'un entrepôt de la Régie marseillaise des transports jouxtait l'arrière du site. On s'y rend. Je croise un type en bleu de travail qui s'étonne un peu de nous voir. J'explique en deux mots l'urgence et je lui demande d'apporter un chariot élévateur.

Deux minutes plus tard, le gars manœuvre avec dextérité le chariot – heureusement, car je suis debout sur les deux fourches avant. Il me dépose sur le toit de l'entrepôt, d'où je peux sauter dans la cour du voisin, *La Provence*. Coup de chance, une échelle traîne par là ; je la pose contre le mur afin de préparer le chemin de retour. Le reste est une promenade de santé.

J'entre dans le bâtiment qui abrite les rotatives – à l'arrêt à cette heure –, je longe une coursive métallique, passe une autre porte, débouche dans le hall d'accueil d'où je peux gagner le bureau du patron de la rédaction. Le chef de cabinet ouvre de grands yeux en me voyant.

— Mais t'es passé par où ?

— Pas le temps, suivez-moi. On m'a vu, alors ne traînez pas, sinon on va se faire rattraper.

Les policiers du SDLP échangent des regards inquiets. Le patron remet sa veste, calmement, et me fait un clin d'œil. Il a compris. Je repars en sens inverse, la troupe sur mes talons. Benjamin Griveaux se marre et filme l'équipée avec son téléphone portable, histoire d'avoir une preuve, parce que, si on le raconte, personne ne nous croira.

Emmanuel Macron passe le premier par l'échelle et grimpe sur le toit. Il s'est mis à pleuvoir, ça glisse. Je reste attentif, il ne faudrait pas qu'il tombe maintenant. De l'autre côté, les collègues ont mis à profit le temps passé pour dégoter une autre échelle et la positionner au bon endroit. Ouf. Je me voyais mal en train de charger le candidat sur le chariot élévateur.

Moins de deux minutes plus tard, tout le monde s'entasse dans les voitures qui filent vers le parc des expositions. Mission accomplie. Le candidat prendra la parole à l'heure prévue devant 6 000 participants enthousiastes.

Le seul incident de la campagne a lieu pendant la visite au Salon de l'agriculture, à Paris, le 1er mars 2017. Deux jours avant, nous avons balisé le parcours avec les responsables du Salon et une partie de l'équipe du candidat. Je suis revenu la veille avec Paul-Hugo Verdin, mon bras droit pour la sécurité à En Marche. Paul-Hugo est un « marcheur » de la première heure, officier de réserve, diplômé de Sciences-Po. Efficace et discret, il manie avec talent les outils informatiques qui me sont relativement étrangers : plannings du service d'ordre, gestion des bénévoles, organisation des déplacements, tout se règle sur son clavier d'ordinateur.

Le matin du 1er mars, je me rends très tôt au Salon. L'accueil est déjà rempli de journalistes et de caméras qui se marchent dessus pour être au premier rang. La tension monte au fil des minutes, et quand, à 10 heures, la voiture d'Emmanuel Macron s'arrête devant la porte, c'est la cohue. Les policiers du SDLP ont un mal fou à lui dégager le passage pour me suivre. Je me dirige d'abord vers le stand de la plus belle vache du salon, celle qui a gagné le concours. Passage obligé de tous les visiteurs de marque, la tape sur le cul de la bête est une tradition qui doit sans doute beaucoup à Jacques Chirac. Puis j'entraîne le cortège sur l'itinéraire prévu, au milieu de la foule des visiteurs.

Peu avant midi, nous arrivons devant le stand des éleveurs bovins. Le candidat doit y rencontrer des professionnels et participer à un déjeuner avec eux. Un groupe de jeunes agriculteurs, tous coiffés de bérets, est en embuscade et l'interpelle. Le candidat s'arrête et se tourne vers eux pour engager la discussion. Je me retrouve alors dans son dos, situation imprévue. La suite se déroule en un éclair. J'entends un « clac » et je vois la tête du patron qui se baisse. Je ne sais pas ce qu'il a reçu. Geste réflexe, je le plie en deux pour éviter une « doublette » – un second projectile – tout en le poussant énergiquement vers le stand. Autour, c'est la panique. J'entends le patron me dire :

— Doucement, doucement, Alexandre, ça va.

Il a reçu un œuf qui s'est fracassé sur son crâne. Pas de blessures, pas de dégâts, sauf pour la veste du costume. Une fois à l'abri, dans la petite salle prévue pour le déjeuner, le patron a le sourire.

— Ça fait partie du jeu.

Un des officiers du SDLP apporte la tenue de rechange du candidat. La visite peut continuer.

On s'en sort bien cette fois, mais ce genre d'incident me rappelle toujours que le pire peut arriver.

14

L'escalier de La Rotonde

Stéphane Bern, Line Renaud, Erik Orsenna… Je les regarde passer et monter à l'étage.

Nous sommes le 23 avril 2017, au soir du premier tour de la présidentielle. Cette soirée, qui devait être un moment de convivialité réservé aux marcheurs de la première heure, aux helpers, aux équipes informatiques, aux chauffeurs, aux officiers de sécurité, à tous ceux qui n'ont pas compté leurs heures pour porter leur candidat au second tour, est en train de tourner à la soirée de gala.

Dans l'après-midi, la consigne était passée discrètement : ce soir, si tout va bien, on se retrouve à La Rotonde, cette brasserie parisienne du boulevard du Montparnasse où Brigitte et Emmanuel ont écrit une partie de leur histoire et ont leurs habitudes.

C'est là qu'il a élaboré sa stratégie pour la présidentielle alors que personne n'aurait parié un kopeck sur lui, là qu'il a bouclé son livre *Révolution*, sans parler des dizaines de rendez-vous politiques et des moments d'intimité avec Brigitte autour d'un dîner.

À 22 heures, c'est déjà la cohue. Une liste avait pourtant été établie mais tout le monde veut en être et chacun est ami avec le patron. La situation est hors de contrôle et personne ne peut rien y faire, alors nous tentons de gérer au mieux. À l'intérieur, c'est la mêlée, à l'extérieur, c'est l'émeute. Sur le trottoir, les caméras se sont installées.

À mesure que la soirée avance, je sens le climat se tendre. À l'euphorie du début qui nous a tous transportés succèdent les regards contrariés de Sibeth et Sylvain. Ils ont compris que cette soirée est une lourde erreur de communication, que le lieu et le casting renvoient une image ne correspondant pas au souhait d'Emmanuel Macron : une soirée simple et joyeuse.

Je ne quitte pas l'escalier qui permet aux invités, triés sur le volet, de rejoindre le saint des saints au premier étage autour de Brigitte et de leurs amis. Gérard Collomb, Jacques Mézard, Jean-Paul Delevoye, Jacques Attali, Roland Castro, Richard Ferrand et bien d'autres sont déjà là. Je reste attentif aux allers-retours du patron. Il a la bougeotte. Il monte, redescend, s'attable avec les uns et les autres, rit, remercie, accueille les retardataires.

Il est heureux, loin de la pression qu'il porte sur ses épaules depuis des mois. Pour quelques heures au moins, il est léger. Mais ces quelques heures, il les paiera double.

Rien ne lui sera jamais pardonné.

15

Entre-deux

Lundi 24 avril, lendemain du premier tour.

Au QG d'En Marche, l'ambiance balance entre lendemain de fête et veillée d'armes. Un entre-deux d'autant plus étrange que le patron a disparu des écrans. La machine est à l'arrêt. Je patiente dans le bureau du cinquième étage que je partage avec Paul-Hugo et Katia (qui gère les bénévoles du SO). Je n'ai pas beaucoup occupé mon fauteuil. En revanche, ces deux-là sont de vrais piliers, et la lumière ne s'éteint jamais avant 2 heures du matin dans leur local.

La pause ne va pas durer car le candidat doit se rendre à Amiens pour rencontrer les représentants syndicaux de l'usine Whirlpool menacée de fermeture. Le principe est acquis, la date pas encore fixée. Alors j'attends.

La décision tombe la veille. C'est reparti. Arrivé à la chambre de commerce d'Amiens, Emmanuel Macron s'enferme avec la délégation. Je suis dehors, devant le bâtiment, pour profiter un peu du soleil.

Des gens vont et viennent, des journalistes téléphonent, d'autres fument une cigarette en attendant la fin de la réunion. Soudain, quelqu'un annonce que Marine Le Pen est à l'usine.

Aussitôt, les conseillers du candidat se mettent à part.

— Qu'est-ce qu'on fait ? demande le chef de cabinet.

Une petite équipe file discrètement vers l'usine pour évaluer la situation. Moins de vingt minutes plus tard, le commandant du SDLP est de retour.

— Pas question d'y aller. On ne pourra pas assurer la sécurité.

Je n'en suis pas convaincu. Je profite de la pause déjeuner, pendant que le candidat est au restaurant avec ses interlocuteurs, pour me rendre sur place avec deux costauds.

Lorsque j'arrive, Marine Le Pen est repartie depuis un moment. Il y a du monde, les merguez grésillent sur les barbecues improvisés, des palettes et des pneus fument, mais l'ambiance est bonne. Il n'y a ni agressivité ni tension dans l'air. Les gens qui sont là défendent leur boulot, c'est tout. J'avise un type qui porte une chasuble aux couleurs d'un syndicat. On bavarde un moment, je lui explique qu'Emmanuel Macron est là et qu'il est prêt à venir. Je m'avance peut-être, mais je connais le patron, je sais que c'est dans ses cordes. Le gars ne manifeste pas d'opposition.

— Nous, on veut bien lui parler, mais pas devant les caméras.

Le patron est furieux et les membres de l'équipe n'en mènent pas large. Ils viennent de se prendre une sérieuse soufflante. Emmanuel Macron tourne comme un lion en cage :

— Je ne peux pas paraître planqué. Ce n'est pas possible, il y a cent mecs devant. Moi, je passe les grilles et j'arrive à la CCI ? Je n'ai jamais fait ça de ma vie.

Quand il me voit entrer, il me fait signe et j'annonce la couleur :

— On peut y aller.

Je vois les visages des huit policiers présents s'allonger, pas chauds pour aller au contact, les gars. Les équipes sont partagées, certains ne voyant pas l'intérêt de prendre un risque qu'ils jugent inutile. Le patron tranche :

— On y va. Si vous écoutez les mecs de la sécurité [le SDLP], vous finissez comme Hollande. Vous croyez que vous êtes en sécurité, mais en fait vous êtes mort. Les mecs de la sécurité, ce n'est pas eux qu'il faut écouter. Je ne serai jamais en sécurité parce que le pays est comme ça aujourd'hui. Donc il faut prendre le risque, il faut aller dans le cœur de la bête.

La décision est prise, irrévocable.

Tout le monde saute dans les voitures et c'est parti. Le cortège s'arrête à distance des grilles de l'usine, on fait le reste à pied. Enfin, on tente d'avancer, car on fait face à un mur de caméras, de micros et d'appareils photo. Les ouvriers se trouvant dans la cour de l'usine regardent le spectacle et se mettent à siffler et à crier. Normal, le cirque médiatique, ça les agace.

La tension monte. Je reste au contact du patron pour éviter qu'il ne prenne des coups ou se fasse bousculer par les journalistes. On lui passe un mégaphone pour tenter de s'adresser aux ouvriers, mais la cohue et le vacarme sont tels qu'on ne l'entend pas. Il se tourne vers moi.

— Ça ne marche pas. Trouve-moi un endroit au calme pour que je puisse leur parler.

J'ai repéré un parking à l'arrière de l'usine. Il est vide et protégé par une grille. Je demande à tous les costauds du service d'ordre de se mettre devant, je pousse Emmanuel Macron vers le portail, avec la délégation des salariés, et hop, on ferme. Les journalistes restent à la porte. Le dialogue s'instaure. Je suis en retrait avec trois policiers du SDLP qui m'accompagnent pour assurer la sécurité du candidat. On ne sait jamais.

Le premier quart d'heure d'échange est tendu. Les gens de Whirlpool lui donnent tort sur tout et lui reprochent tout. Il n'esquive rien et répond, argument après argument. Je le vois tenir bon et regagner peu à peu du terrain dans la discussion. Il ne renverse pas les convictions, mais il obtient de l'écoute. Son courage physique inspire le respect. Quand on repart, les sifflets ont cessé.

Nous sommes le 26 avril et nous avons conscience, en quittant Amiens, d'être passés à côté d'une belle catastrophe médiatique.

16

La valse des prétendants

Il n'est pas 9 heures et les locaux sont anormalement calmes après des semaines de pleine effervescence. Valérie, l'assistante du candidat, me tend un papier avec une adresse et un numéro de téléphone.

— Tu vas chercher Hulot à son domicile, à 15 heures, et tu le conduis ici.

L'entre-deux-tours a bel et bien commencé. Une nouvelle séquence politique s'engage avec son lot de conciliabules pour « après ». Certains ont même pris les devants, comme Nicolas Hulot, qui figure parmi les premiers à s'être manifestés, quinze jours avant la fin de la campagne du premier tour.

À l'heure dite, je suis en bas de chez lui. Je l'appelle sur son portable, il décroche immédiatement. Pas besoin de lui faire un dessin.

— J'arrive, me dit-il.

Il sort de l'immeuble, monte à côté de moi, me salue, et je démarre. Il est souriant, détendu, immédiatement sympathique. Une fois au QG, nous descendons dans le parking du sous-sol, je gare la voiture et je préviens de notre arrivée.

— Valérie, nous sommes là.

— D'accord. Mais le patron est encore avec son rendez-vous. Tu le fais patienter, s'il te plaît.

Emmanuel Macron est en tête à tête avec Bruno Le Maire et la consigne est claire : les personnalités qui viennent dans le bureau du patron ne doivent pas se croiser. Alors j'installe Nicolas Hulot dans une petite salle attenante au parking. Une table, quelques chaises, des cartons entassés dans un coin et un néon, l'endroit ressemble plus à un débarras qu'à une salle d'attente VIP.

Mon hôte ne semble pas s'en formaliser. Je le rassure :

— Ça ne devrait pas être long.

Hulot engage la conversation. Il me dit combien il croit au bonhomme et qu'il entend bien décrocher le poste de vice-Premier ministre dans le futur gouvernement. Je me retiens de rire mais ne peux empêcher un sourire amusé de poindre à mes lèvres. Il vient d'inventer une fonction rien que pour lui ! Car j'ai beau chercher dans mes souvenirs de cours de droit, je suis certain que la Constitution n'a pas prévu de doter le pays d'un vice-Premier ministre. Il voulait dire ministre d'État, je lui souffle le titre exact. Heureusement, mon portable sonne et Valérie nous donne le feu vert.

— C'est bon, la voie est libre. Vous pouvez monter.

Le candidat aux plus hautes fonctions gouvernementales quitte le cagibi dans lequel nous venons de réformer les institutions, sourire aux lèvres, direction le sixième étage.

Entre le 23 avril et le 7 mai, les rendez-vous s'enchaînent. Je n'en vois passer que quelques-uns, lorsque je dois les acheminer jusqu'au QG d'En Marche. Édouard Philippe vient à deux reprises. La première fois, il est avec Thierry Solère, l'ex-porte-parole de François Fillon, qui se déplace avec des béquilles et une cheville dans le plâtre. La seconde fois, il est seul. Nous sommes en vue du QG quand Valérie m'appelle :

— Prends ton temps, il est toujours avec Strauss-Kahn, ça risque de durer encore un moment.

Mon passager me propose d'aller boire un verre rue de Vaugirard. Nous passons une vingtaine de minutes à bavarder. Édouard Philippe me parle de ce qu'il fait, me pose des questions sur mon parcours. Il est aimable, attentionné, sympa.

Nouveau coup de fil de l'assistante du patron.

— Vous pouvez venir.

Nous remontons en voiture, j'installe mon passager à l'arrière, bien à l'abri des vitres fumées, et je lui explique la manœuvre :

— Il y a des caméras de télévision devant la porte principale. Alors je vais vous faire passer par le sous-sol. Mais pour l'entrée dans le parking, il faudra vous allonger sur la banquette, afin qu'on ne puisse pas distinguer votre silhouette.

Je lui donne le top départ au moment où je m'engage dans la rue de l'Abbé-Groult. L'attroupement de journalistes et de caméras installées sur leurs trépieds se voit de loin. Une légère agitation se devine à l'approche du véhicule. Puis le calme revient aussitôt : personne à bord, le sujet est sans intérêt. Je passe le barrage sans aucun souci.

Une fois dans le parking, Édouard Philippe déplie son presque double mètre et sort. Il jette un regard curieux à mon collègue, Christian Guédon, un ancien gendarme d'élite qui lui tend un anorak noir et une casquette assortie.

— Une dernière précaution, monsieur Philippe. L'ascenseur qui dessert le bureau du patron est en panne, celui des visiteurs très fréquenté. On va monter par l'escalier extérieur, et il y a parfois des photographes embusqués dans les immeubles voisins. Alors si vous voulez bien enfiler ça, histoire de ne pas être reconnaissable…

Dix secondes plus tard, le futur Premier ministre disparaît sous la capuche rabattue, la casquette enfoncée jusqu'aux yeux. Un vrai « djeun's ». C'est dans cet accoutrement qu'il gravit derrière moi les six volées de l'escalier de secours et qu'il fait son entrée dans le bureau du patron. Emmanuel Macron est avec Alexis Kohler. J'ouvre la porte.

— Monsieur, votre invité est là.

Ils lèvent la tête, ont un moment d'hésitation et éclatent de rire. J'en profite pour m'esquiver. J'ai un dossier important à régler.

Rien n'est joué, après le premier tour, mais les sondages sont bons. Alors, « au cas où », nous sommes quelques-uns à travailler sur l'organisation d'une soirée victorieuse. En particulier, sur un grand rassemblement avec celles et ceux qui l'ont soutenu. Mais où ? La Concorde est trop marquée « Sarkozy », depuis le soir du 6 mai 2007 et le rassemblement de ses supporters. Le Trocadéro porte encore l'empreinte du dernier sursaut de François Fillon. Le Champ-de-Mars, alors ? Je teste l'hypothèse, au téléphone, avec le représentant de la mairie de Paris. La Ville oppose un veto absolu. Une délégation du Comité international olympique – Paris est ville candidate à l'organisation des JO de 2024 – doit venir inspecter les plantations au pied de la tour Eiffel. Pas question d'autoriser la foule à piétiner les plates-bandes.

C'est un commissaire divisionnaire, mon contact avec la préfecture de Police durant toute la campagne, qui a la bonne idée.

— Pourquoi pas le Louvre ? Pour nous, c'est idéal. On peut facilement sécuriser les accès et on peut y faire tenir 30 000 personnes. Ça devrait suffire, non ?

Jean-Marie Girier donne le feu vert et se met au travail pour caler la scénographie. C'est lui qui imagine la marche solitaire du Président, au son de l'hymne européen, jusqu'à l'estrade placée devant la pyramide.

Je fais avec lui plusieurs visites sur le site pour des repérages. Le samedi, veille du second tour, Jean-Marie Girier et moi procédons à une ultime répétition, chronomètre en main, au milieu des promeneurs et des touristes indifférents. Pour l'occasion, Girier filme avec son portable tandis que je joue le rôle du Président. Puis il envoie la vidéo à Emmanuel Macron, qui se repose dans sa maison du Touquet avec Brigitte. Commentaire du patron, au vu de ma démarche un peu chaloupée :

— Benalla, il se prend pour John Wayne !

17

Un débat sous tension

Rituel obligé de l'avant-second tour, les deux finalistes doivent s'affronter devant les caméras de télévision. Emmanuel Macron et Marine Le Pen se sont donné rendez-vous le mercredi 3 mai, trois jours avant le scrutin.

Le plateau est installé dans les studios de la Plaine-Saint-Denis, dans la banlieue nord. Je fais un premier repérage en début d'après-midi avec Benjamin Griveaux et Sylvain Fort, qui se chargent ensuite de donner quelques indications d'ambiance au patron.

Je suis de retour à la Plaine-Saint-Denis en tout début de soirée, avec un membre du service d'ordre d'En Marche. Il est environ 18 heures, tout est encore très calme. J'attends. Peu à peu, les techniciens font leur apparition, tranquillement. Puis ce sont les premiers invités qui arrivent.

Le lieu est stratégique, les plus hauts responsables de la police l'ont bien compris. Ils savent que, quoi qu'il arrive, le futur président de la République sera l'un des deux débatteurs. Alors ils sont là pour se montrer, prêts à faire allégeance au vainqueur. Les galonnés de la préfecture de Police de Paris et les huiles du ministère de l'Intérieur se saluent aimablement.

L'équipe d'Emmanuel Macron arrive. La tension est palpable. Je guide tout le monde jusqu'à la loge, puis je referme la porte derrière eux. J'assure leur tranquillité, empêchant toute intrusion inopinée. Puis j'accompagne le candidat, toujours encadré par les policiers du SDLP, jusqu'au plateau.

J'ai un siège réservé, sur le côté, juste à côté de Thierry Légier, le garde du corps de Marine Le Pen. Je connais bien Thierry, il travaille depuis un quart de siècle pour la famille Le Pen, d'abord aux côtés du père, puis maintenant de la fille. Lorsque j'étais portier dans un bar de nuit, place du Vieux-Marché à Rouen, j'avais comme collègue son jeune frère, Fred. On a sympathisé, rigolé. Thierry m'a vu grandir et c'est un grand professionnel.

Je suis le débat des coulisses, sans lâcher le candidat des yeux. À la fin du duel, il reste un instant sur le plateau, salue les journalistes, alors que Marine Le Pen, défaite, a déjà filé sans le moindre signe aux journalistes ou aux techniciens. Je raccompagne Macron, visiblement soulagé, à sa loge. Des cris de joie et de félicitations l'accueillent.

18

Soir de liesse

Dimanche 7 mai, 20 heures.

On y est. Même si personne ne doutait vraiment de l'apparition du visage d'Emmanuel Macron sur les écrans, le voir rend réelle cette douce fébrilité qui nous étreints depuis la clôture des bureaux de vote et les premières tendances.

L'euphorie atteint des sommets au QG, mais pas seulement. Dans les rues voisines, une foule bon enfant et des nuées de journalistes se sont massées pour attendre la sortie du nouveau président.

J'organise un faux cortège, un leurre destiné à attirer la meute des suiveurs. Le stratagème fonctionne à plein. Le convoi escorté par les motards de la police est poursuivi par des dizaines de deux-roues qui rivalisent d'imprudence pour approcher le véhicule aux vitres teintées. C'est de la folie, et un miracle, en partie dû à la dextérité des chauffeurs du convoi et des motocyclistes de la préfecture de Police, s'il n'y a aucun accident. Les caméras et les objectifs des appareils photo tentent d'approcher la berline et cette main qui salue les passants, que l'on distingue derrière la vitre arrière côté passager, la main de Jean-Marie Girier.

Pendant ce temps, Emmanuel Macron file tranquillement en direction du Louvre, avec une escorte discrète. Je l'attends à son point de descente. Je ne suis pas seul. Ses parents, Brigitte et ses enfants, quelques amis aussi, sont venus l'accueillir et le serrer dans leurs bras. Beaucoup d'émotion, de bonheur aussi. Mais d'autres attendent le nouveau président. Ils sont des milliers, rassemblés devant la grande pyramide, et je demande aux proches de bien vouloir se diriger vers les places qui leur ont été réservées. Un membre du service d'ordre les guide jusqu'au carré VIP. Puis Arnaud Jolens, en régie, donne le top départ. Les premières mesures de la *Neuvième Symphonie* de Beethoven résonnent. Emmanuel Macron entame sa marche vers le podium.

Dans la demi-obscurité de la cour du Louvre, il ne peut deviner le chemin à suivre, d'autant qu'il n'a pas participé aux répétitions. Alors je lui sers de guide. Placé à quelques mètres, assez loin pour ne pas être dans le champ des caméras, mais pas trop pour qu'il puisse m'entendre, je lui indique de la voix et du geste la bonne trajectoire. Enfin, il grimpe les quelques marches et apparaît dans la lumière. Un trajet de trois petites minutes, en solitaire, après des mois de campagne avec une équipe soudée autour de lui. Mission accomplie.

Les jours suivants sont sous le sceau de l'improvisation maîtrisée. Si l'on sait, dans l'entourage du Président, que le carré de tête va entrer à l'Élysée, les postes et les fonctions ne sont pas encore attribués, même si la nomination d'Alexis Kohler au poste stratégique de secrétaire général ne fait aucun doute.

En revanche, le travail ne manque pas en attendant la passation de pouvoir. Alors, chacun continue d'agir dans son domaine, comme pendant les semaines précédentes. Une partie de l'équipe et moi participons à plusieurs réunions au Palais avec les services du protocole, le commandement militaire et l'intendance. Des gens ultraprofessionnels et compétents, dont l'expérience nous est indispensable dans la préparation de la cérémonie d'intronisation.

Nous en profitons pour faire une première répartition des bureaux. De mon côté, je rencontre le colonel Lavergne, chef du Groupe de sécurité du président de la République (GSPR), qui me présente à ses hommes.

Le 10 mai, avec Pierre-Olivier Costa, j'accompagne le Président, élu mais pas encore en fonctions, à la commémoration de l'abolition de l'esclavage, au jardin du Luxembourg. Le président Hollande, sortant mais toujours en fonctions, préside la cérémonie. Le matin même, nous étions allés à la répétition avec Pierre-Olivier Costa afin de briefer Emmanuel Macron sur le déroulement des opérations. Nous étions arrivés au milieu d'une foule de gens du protocole, de la mairie et de la préfecture de Police.

Résultat : nous sommes repartis sans avoir rien compris à ce qui avait été décidé et par qui. Seule attitude possible pour Emmanuel Macron, suivre le mouvement général et espérer que tout se passe bien. Il faut parfois accepter que tout n'est pas toujours sous contrôle…

19

Premiers pas

La musique de la garde républicaine fait sonner ses cuivres et rouler ses tambours à vous en donner la chair de poule, le soleil en profite pour percer les nuages. Autour de moi, les sourires s'affichent sur tous les visages.

Le dimanche 14 mai 2017, debout dans la cour de l'Élysée, je vis l'accomplissement d'un rêve fou.

Au milieu des collaborateurs et des soutiens d'Emmanuel Macron, je regarde celui que j'ai accompagné ces derniers mois fouler enfin le tapis rouge. Je suis si fier et si content d'être là. D'autant que je sais, depuis les premières heures de la matinée, que je vais moi aussi entrer dans le saint des saints.

Quand je suis allé le chercher pour le ramener au Palais, le bras droit du patron m'a demandé, l'air de rien :

— La chefferie de cabinet, ça t'irait ?

J'ai eu du mal à contenir ma joie.

L'Élysée. Le rêve est devenu réalité. D'autres que moi l'ont bien compris. Depuis le matin, mon portable n'arrête pas de vibrer. J'ai d'un seul coup des centaines d'amis qui tiennent tous à me dire combien ils sont contents pour moi, que même si je n'ai pas eu de leurs nouvelles depuis des années, ils ont toujours beaucoup pensé à moi. Et surtout, puisque je suis dans la place, si j'avais la bonne idée de leur tenir la porte pour qu'ils puissent y entrer eux aussi, ce serait vraiment chouette et un juste retour de l'amitié qu'ils me portent. Audiard avait raison : « Les cons, ça ose tout. »

Après la passation de pouvoir et le départ de François Hollande, je rejoins l'arrière du Palais. Le nouveau président doit faire sa première sortie officielle sur les Champs-Élysées et remonter l'avenue jusqu'à l'Arc de triomphe à bord d'un véhicule militaire garé près de la grille du Coq, du côté des jardins.

Emmanuel Macron sort en compagnie d'Alexis Kohler et se dirige vers la grille. Je les suis, à quelques mètres de distance. Le Président s'installe dans le command-car, Alexis repart vers les bureaux, pas encore nommé mais déjà aux manettes du secrétariat général.

Je repère le minibus du cortège dans lequel j'ai une place réservée. J'y retrouve le médecin militaire, l'aide de camp, le transmetteur chargé des communications stratégiques, Pierre-Olivier Costa et le colonel Lavergne. La foule applaudit, le Président la salue, j'essaie de ne pas perdre une seconde de cette scène si incroyable pour moi. Mes compagnons de voiture ne sont guère plus bavards, absorbés aux aussi par ce qui se passe autour de nous.

Nous profitons du trajet de retour pour vérifier que tout est calé pour la suite du programme.

Le temps d'un déjeuner vite avalé, le cortège repart, direction l'hôpital militaire Percy, à Clamart, pour visiter des soldats français blessés en opération. Enfin, à 17 heures, la traditionnelle visite de courtoisie à la mairie de Paris marque la fin de ce premier marathon officiel.

De retour au Palais, je reste un long moment assis dans ce qui est désormais mon bureau. L'agitation de la journée s'est dissipée. Les couloirs ont retrouvé leur calme habituel, parcourus sans bruit par les silhouettes furtives des huissiers et des gardes républicains. Je suis à l'Élysée ! Il y a quelqu'un à qui je dois beaucoup et avec qui je veux partager l'instant.

— Allô, maman ? On y est ! On a réussi !

— Alexandre, c'est bien, maintenant, tu sais, tu peux rentrer à la maison.

— Mais non, maman. C'est vrai, on y est…

— C'est pas grave, si tu n'as rien, mon fils. C'est pas grave.

Au bout du fil, ma mère ne croit pas à l'invraisemblable. Elle est persuadée que je suis resté à la porte, comme la fois précédente avec François Hollande.

Alors elle me console et me rassure jusqu'au moment où je finis par la convaincre.

— Alors, mon fils, il faudra que tu me fasses visiter.

— Promis, maman.

20

Comme un lundi

Nous sommes le premier lundi du reste de ma vie.

J'ai peu dormi, tout à l'excitation de ma première journée de travail au Château. Ou peut-être ai-je juste peur que cela ne soit qu'un rêve qui s'effacera à mon réveil ? Seuls quelques cafés sont ouverts sur ma route, et la rue du Faubourg-Saint-Honoré est encore déserte.

Je salue les gendarmes qui gardent l'entrée du Palais, au 55. Ils me saluent en retour, me reconnaissant grâce à mes précédentes visites. J'ai vite tissé des liens avec eux, comme avec les autres services de la présidence. Ils m'ont ainsi identifié comme un référent auquel ils peuvent faire appel en cas de difficulté. Et ces dernières ne vont pas manquer.

Vers 8 h 30, une partie de l'équipe de campagne fait ses premiers pas sur les moquettes du Palais. Je les guide vers le bureau des sésames, les indispensables badges d'accès, et les entraîne dans une visite rapide des lieux, en commençant par le rez-de-chaussée et la grande salle des fêtes qu'ils connaissent déjà.

La veille au soir, le Président avait réuni une bonne partie de celles et ceux qui ont travaillé sur la campagne pour les remercier. Tous n'ont pas pu être conviés, faute de place, et je sais qu'il y a eu des déçus, puisque j'ai été chargé du filtrage à l'entrée. J'ai quand même refoulé sans remords un gars qui avait réussi à trouver le numéro de téléphone personnel de la mère d'Emmanuel Macron et qui l'avait appelée pour lui demander de faciliter son accès. Gonflé, le type.

Après les salons, nous montons à l'étage des bureaux, à commencer par celui du Président, puis ceux de ses plus proches collaborateurs. Pas question de visiter les appartements privés, dans l'aile est. En revanche, le repérage des cuisines et des services techniques se révèle essentiel pour la vie future de tous les collaborateurs. Je les abandonne rapidement pour rejoindre l'accueil afin d'aider les gendarmes qui peinent à identifier les nouveaux venus.

En fin de matinée, chacune et chacun a plus ou moins trouvé son point de chute. Pour ma part, je me suis installé dans un des bureaux de la chefferie de cabinet, puisque ce sera mon lieu d'affectation. Je n'ai guère le temps de m'y asseoir. Les premières réunions démarrent afin de préparer le déplacement officiel du Président au Mali. Ludovic Chaker et moi nous retrouvons à prendre des décisions tout en doutant de notre légitimité à trancher, par exemple, sur qui montera dans l'avion avec Macron. Le temps que l'organisation générale se mette en place, nous parons au plus pressé. En fin de compte la mécanique est huilée, grâce en grande partie à l'efficacité des services de la présidence.

Patrick Strzoda, qui a pris les fonctions de directeur de cabinet, règle la partie administrative. C'est lui qui rédige ma fiche de poste, transmise au service du personnel – on dit « relations humaines », c'est plus moderne, mais c'est la même chose.

Je suis moins bien payé qu'à l'Office européen des brevets, mais, comme le dit Strzoda, « travailler sous les ors de la République, ça n'a pas de prix ».

21

La vie au Château

Harry Potter vient de sortir du bureau de Patrick Strzoda. Le visage juvénile, des petites lunettes presque rondes, le nouveau chef de cabinet me fait penser au célèbre sorcier.

Patrick Strzoda et Alexis Kohler ont auditionné une dizaine de candidats et ont choisi François-Xavier Lauch, un jeune sous-préfet, énarque et auparavant directeur de cabinet du préfet des Alpes-Maritimes.

L'esprit de corps a joué à plein pour cette nomination qui est en réalité une opération d'exfiltration. Il risquait d'être ennuyé dans l'affaire de l'attentat de la promenade des Anglais, la sécurité de la voie publique étant de sa responsabilité. Il sera d'ailleurs entendu comme « témoin assisté », en mars 2019, dans le cadre de l'enquête sur ce drame.

Visage poupon mais très sûr de lui, François-Xavier fait son apprentissage à toute vitesse. Je l'accompagne pour faire le tour des services et du personnel, je lui explique qui fait quoi, je lui ouvre les portes. Il absorbe tout et démontre une capacité de travail hors norme ; il est capable de signer le contenu de trois cents parapheurs par jour. Et, en bon énarque membre du corps préfectoral, il va rapidement nommer deux de ses semblables aux postes d'adjoint, Rodrigue Furcy, et de chargée de mission, Marie Argouarc'h.

Je vois bien que beaucoup de choses les chiffonnent chez moi, à commencer par mes baskets et mon jean, que je vais finir par abandonner, sur leurs « conseils » insistants. Au quotidien, on s'entend très bien dans le partage des tâches. Rodrigue Furcy prend en charge les déplacements à l'étranger, François-Xavier Lauch et moi, ceux en métropole et en outre-mer. Mais ils ne peuvent pas s'empêcher de me répéter à longueur de temps : « Tu dois t'institutionnaliser ! »

Être moins direct, me fondre plus dans la masse, moins dire ce que je pense, ne pas le dire du tout d'ailleurs. Ne pas me précipiter, ne pas agir trop vite, ne pas agir du tout. Dire oui mais faire non si c'est mieux pour tout le monde. Qui est tout le monde ? Je n'en sais rien. Je ne sais pas louvoyer. Je fonce tête baissée. L'inaction et la prudence sont leur seconde nature – pas la mienne. Je fais ce que le Président me demande de faire, quelles que soient les barrières et les difficultés.

Très vite, je découvre une règle fondamentale au sein du cabinet. Votre interlocuteur se résume à une seule question : quel est son degré de proximité avec le patron ?

Dans ce domaine, je jouis d'une aura surdimensionnée, car si je connais bien le fonctionnement du Président pour l'avoir accompagné et observé durant toute la campagne, je n'en suis pas pour autant si proche que cela. Certes, j'ai accès aux appartements privés, de temps en temps, dans le cadre de mes fonctions, mais il ne s'agit nullement d'un quelconque avantage, contrairement à ce que pensent quelques jaloux maladifs. Le seul qui peut se vanter d'être vraiment proche, c'est Alexis Kohler, le « vice-président ». Il n'y a d'ailleurs que lui qui entre dans son bureau sans frapper.

En revanche, la réputation qui m'est faite va me valoir un afflux de visiteurs inattendus. Pour le personnel de l'Élysée, je deviens le confident des difficultés quotidiennes dont on n'ose pas parler à son chef de service mais qui empoisonnent la vie au boulot. Les gens savent que je suis toujours ouvert et disponible pour eux.

Dès mes premières heures dans le Palais, j'ai fait le tour des services, je me suis présenté à toutes et à tous. Je crois pouvoir me vanter de connaître, quelques semaines seulement après ma prise de fonction, les prénoms de tout le monde. Alors j'écoute, je conseille et, quand il le faut, je fais passer un message au Président ou au directeur de cabinet. François-Xavier Lauch est étonné et agacé par ce petit manège, mais il ne dit rien, conscient lui aussi que le patron entend ce que je lui dis.

Peu à peu s'installe une sorte de routine. J'arrive chaque matin très tôt, vers 6 h 30. Je passe une demi-heure dans la salle de sport de l'hôtel de Marigny, l'annexe en face du Palais. Elle est déjà très fréquentée, en particulier par les membres du GSPR qui y maintiennent leur condition physique. Après la douche, je traverse la rue du Faubourg-Saint-Honoré, je monte au premier étage de l'aile ouest et j'allume l'ordinateur du bureau. Puis je prends un café avec le planton d'étage, un gendarme avec qui je bavarde, l'occasion d'apprendre les derniers potins de la maison. Le Palais appartient encore aux équipes du ménage et seul le bruit lointain d'un aspirateur trouble ce moment. J'en profite pour signer le parapheur sur mon bureau, vérifier le programme de la journée et lire la revue de presse.

Rodrigue Furcy arrive tôt, lui aussi, et toujours à vélo. À 7 h 45, réunion dans le bureau de Strzoda, avec Lauch, Furcy et Argouarc'h. Le directeur de cabinet commente la presse du jour, donne le programme et répartit les dossiers à traiter.

Lorsque l'agenda du Président annonce un déplacement en province, Strzoda se livre à une rapide présentation de la ville d'accueil, nous étonnant chaque fois par sa connaissance historique, politique et sociale de la moindre sous-préfecture.

Chacun peut ensuite repartir avec son lot de tâches à accomplir pour la journée, tandis que le Palais prend son rythme de croisière. Tout le personnel est maintenant à son poste, dans une ambiance studieuse et feutrée. Pas d'éclats de voix, pas de sonneries de téléphone intempestives, même les visiteurs, pris dans cette atmosphère sourde, se mettent à chuchoter.

Lorsque rien ne m'appelle au-dehors, je suis happé par le rythme infernal des réunions. Bien souvent, le repas de midi est une simple formalité, expédiée sur un coin de bureau grâce au plateau fourni par les cuisines, toujours excellent au demeurant. Le tout pour un prix modique, correspondant à celui d'une cantine, environ 6 euros. Tout le monde paie, et c'est bien normal.

Ce n'est qu'à partir de 20 heures que le calme revient. Les employés des services partent les uns après les autres, la maison se vide. J'en profite pour monter au secrétariat particulier du Président, dirigé par Valérie Lelonge.

Petit moment de bavardage détendu, parfois interrompu par Macron, qui passe une tête dans l'entrebâillement de la porte. Le temps d'échanger trois mots toujours attentionnés, de prendre des nouvelles de Myriam, ma compagne qui est enceinte. J'en profite aussi pour lui faire passer des messages sur les doléances qui me sont confiées et qu'il prend toujours à cœur.

Je passe également de temps en temps par le secrétariat de Brigitte Macron, afin de caler quelques problèmes d'agenda. Le planning préparé par les services rend parfois Brigitte soucieuse, notamment lors des déplacements en province.

Croyant bien faire, le cabinet multiplie les rendez-vous, les visites et les rencontres de manière assez incompréhensible et sans cohérence politique. Quel est le message transmis lorsque l'on traverse au pas de course un hôpital le matin, une réunion agricole le midi et une PME l'après-midi ? J'ai entendu plus d'une fois le Président dire : « Vous allez me faire crever, les gars. »

Brigitte Macron demande des allègements, mais ce n'est pas toujours suivi d'effets.

Dans son dos, les énarques ricanent. « Si c'est trop dur pour lui, il n'avait qu'à faire autre chose. »

22

Moments à part

La nuit est tombée depuis longtemps sur le palais de l'Élysée, plongé dans l'obscurité. Soudain, un groupe compact d'hommes en tenue sombre, arme à la main, débouche d'un couloir. Ils s'arrêtent devant une porte du premier étage, dans l'aile est, celle des appartements privés du Président. L'homme de tête, casqué et gilet pare-balles sur la poitrine, tambourine à la porte. Derrière lui, le reste du groupe s'est réparti le long des murs du couloir, de chaque côté, prêt à faire feu.

Après un moment de silence, une voix se fait entendre dans l'appartement clos.

— Qu'est-ce qui se passe ?

Le chef du groupe identifie immédiatement son interlocutrice, Brigitte Macron.

— Madame, c'est l'équipe de sécurité. Vous pouvez nous laisser entrer ? Je dois vérifier que le Président va bien. S'il vous plaît.

Les hommes en noir sont en effet des gendarmes d'une unité spéciale, prête à intervenir 24 heures sur 24 dans l'enceinte de l'Élysée en cas d'agression. Quelques minutes auparavant, une alerte silencieuse s'est allumée dans leur local de permanence. Le signal venait des appartements privés. Mais la porte ne s'ouvre toujours pas.

— Madame, je dois entrer. C'est la procédure.

Rien à faire, Brigitte refuse. Elle ne peut pas expliquer que son mari est sous la douche, dans le plus simple appareil, alors elle bloque l'accès, au grand désarroi des gendarmes. Elle a beau leur dire que tout va bien, que le Président est vivant, rien à faire.

— Madame, je dois vérifier. Il faut nous laisser entrer.

On ne sait jamais. Il pourrait avoir été victime d'une violente scène de ménage et agoniser sur la moquette, avec un couteau planté dans la poitrine. La consigne est stricte et absolue. Le chef d'équipe doit s'assurer de visu de l'intégrité physique du Président.

Le couple Macron n'habite l'appartement que depuis quelques jours. Ils prennent leurs marques dans les 140 mètres carrés mis à leur disposition. Spacieux, mais pas immense, il compte un grand salon-bibliothèque, une salle à manger, trois chambres, des salles de bains et un dressing. Il dispose aussi d'une cuisine, inutilisée, la cuisine centrale du Palais fournissant toute l'intendance.

Ce que le Président ne sait pas – ou a oublié –, c'est que dans chaque pièce des interrupteurs discrets ne commandent ni les lustres ni les lampes sur les tables basses. Ils déclenchent l'alerte. Et c'est par erreur qu'il a actionné l'un de ces boutons, provoquant l'intervention de l'équipe de sécurité.

Après de longues palabres, Brigitte laisse le chef de l'unité passer la tête dans l'entrebâillement de la porte et apercevoir de loin le Président, qui le rassure d'un sonore « Tout va bien ». Retour à la base et rapport au commandement militaire qui m'avise, avec une certaine gêne, de l'incident le lendemain matin.

Les hommes des EDS ont fait leur boulot, mais ils craignent que leur intervention n'ait été mal vécue par le patron. Les appartements privés sont un sanctuaire impénétrable en temps ordinaire. Ni les conseillers ni les membres du cabinet, sauf exception, n'y ont accès. Même les parapheurs restent à la porte. Je les rassure : non seulement le patron ne leur en veut pas le moins du monde, bien au contraire, mais en plus il a trouvé l'exercice intéressant. Cela prouve que le système fonctionne.

En revanche, sa première sortie nocturne avec Brigitte lui a donné quelques motifs d'agacement. Le couple a décidé d'aller dîner dans un petit restaurant du quartier. Cela deviendra une sorte de rituel assez régulier. Mais ce soir-là, c'est une nouveauté et l'annonce de la sortie pédestre déclenche un vent de panique du côté du GSPR. Résultat, lorsque le

Président et son épouse franchissent la grille du Palais, ils se retrouvent entourés par une vingtaine de gardes du corps. D'où je suis, à l'arrière du groupe, je n'arrive même pas à les apercevoir au milieu de la nuée. La seule chose qui peut leur arriver, c'est de manquer d'air… Les services de sécurité ont souvent tendance à faire dans la surenchère, genre ceinture et bretelles. Ce que j'explique dès le lendemain au colonel Lavergne, qui met alors en place une formule plus légère mais tout aussi efficace, si ce n'est plus. Je me tiens toujours avec cette arrière-garde, à l'aller comme au retour. Il est souvent près de minuit lorsque le couple regagne ses appartements privés. Fin de mission. La nuit, comme toutes les autres, sera courte.

Le week-end, lorsque Emmanuel Macron est à la Lanterne, à Versailles, tout est organisé pour qu'il puisse être tranquille. C'est un moment consacré à Brigitte, aux enfants et petits-enfants, même si trois caisses pleines de parapheurs sont là pour rappeler le Président à ses obligations. Seul son aide de camp reste sur place.

Je fais généralement un saut le samedi, vers 15 heures, afin de m'assurer que tout se passe bien. *Idem* le dimanche. Lorsque le Président souhaite faire quelques pas dehors, son aide de camp et moi l'accompagnons à distance, derrière les membres du GSPR. Et s'il faut improviser, alors on improvise. Un samedi matin, l'aide de camp me téléphone :

— Le Président et son épouse veulent aller au cinéma cet après-midi. Tu peux organiser ça ?

J'ai le nom de la salle, située dans un centre commercial des Yvelines, et l'horaire du film. Je préviens une équipe du GSPR et je file sur place pour faire le repérage. J'en profite pour informer discrètement le directeur du multiplexe, qui joue le jeu et ouvre ses portes aux officiers du GSPR. Ils se positionnent aux endroits stratégiques, près de chaque accès. Lorsque le couple arrive, tout est sécurisé. Je les fais entrer dans la salle au moment où les lumières s'éteignent. Ni vus ni connus. Ils peuvent profiter tranquillement de ce moment de détente.

La sortie, en revanche, se fait sous les projecteurs. Dès que la salle s'éclaire, ils sont repérés. Je vois les têtes qui se tournent vers eux. Le Président salue, serre quelques mains, puis nous repartons. Il a une obsession, « ne pas emmerder les gens ».

Nous suivons toujours le même mode opératoire lorsque le couple se rend dans une salle de spectacle. Ils aiment beaucoup aller au théâtre, parfois deux ou trois fois dans le même mois. Je les vois se faire applaudir à chaque fois que la lumière revient dans les salles et qu'ils se lèvent pour partir. Il n'y a jamais eu d'incident et on ne lit que du plaisir sur les visages des gens qui les rencontrent. Les Gilets jaunes ne sont pas encore passés par là.

23

Frictions

J'ai à peine le temps de me familiariser avec mes nouvelles fonctions que le premier vrai événement du quinquennat se profile à l'horizon.

Trois semaines après son élection, le nouveau président français doit accueillir son homologue russe, Vladimir Poutine, à Versailles, le 30 mai. François-Xavier Lauch supervise l'organisation, je me charge de la préparation sur le site.

Deux jours avant la visite, je rencontre les hommes de la sécurité de Poutine, des types que l'on n'aimerait pas croiser le soir dans une rue sombre. Le dialogue avec eux – *via* un interprète – est assez limité. En résumé : je donne mes consignes, et eux font ce qu'ils veulent.

Leur technique, c'est de mettre un paquet de types autour du chef et de le coller. Résultat, sur les images, on a une grappe de costauds et, avec un peu de chance, on peut apercevoir au milieu le haut du crâne du Président. La scénographie voulue par Lauch veut au contraire montrer les deux chefs d'État côte à côte. Je leur explique. La réponse est toujours la même : *niet*.

Le jour dit, la bataille est féroce entre les gorilles de Poutine et les agents du GSPR. On s'échange en toute discrétion des coups d'épaule à vous envoyer dans le décor, mais les Russes tiennent bon. Impossible de les déloger de l'entourage immédiat de Poutine.

En revanche, pour le moment fort de la visite, j'ai monté un petit stratagème inédit. Après le déjeuner, Poutine et Macron doivent traverser la galerie des Batailles, tous les deux seuls, marchant côte à côte, avant de se rendre au point presse. Il est absolument hors de question de laisser la horde des services de sécurité russes s'engouffrer derrière eux.

Avec le colonel Lavergne, le chef du GSPR, nous avons mobilisé les effectifs de la CRS1, compagnie affectée à la sécurité de l'Élysée. Plusieurs dizaines d'hommes en civil se sont postés devant la double porte qui donne sur la galerie. Lorsque la délégation arrive, Lavergne et moi ouvrons les deux battants, juste le temps que les deux présidents passent, avant de les refermer au nez et à la barbe des suiveurs. Les hommes de la CRS qui se sont aussitôt rabattus pour former un rideau défensif se prennent l'assaut de plein fouet.

Après quelques échanges virils et autres arrachages de chemises, les Russes battent en retraite. De l'autre côté, Poutine et Macron entament sereinement leur marche au milieu des immenses tableaux représentant les victoires de la France, de Vercingétorix à Napoléon.

La bataille qui s'est jouée dans le vestibule ne passera pas à la postérité, mais quelques valeureux grognards de la CRS1 y auront laissé des plumes.

24

14 Juillet

Nous sommes début juillet et Paris est écrasé de chaleur. Je transpire à grosses gouttes en pensant à l'organisation dans quelques jours du défilé du 14 Juillet.

Pour la première fois, le président des États-Unis, Donald Trump, sera là, au côté du président français.

Dans le courant du mois de juin, quelques représentants de la Maison Blanche viennent à l'Élysée, en éclaireurs, pour caler la préparation de l'opération. Ils nous annoncent la venue d'une « délégation restreinte » chargée d'examiner dans le moindre détail le programme présidentiel.

Deux semaines plus tard, les services de la présidence confirment leur arrivée. Restreint n'a visiblement pas le même sens des deux côtés de l'Atlantique. Ils sont cinquante, munis de dossiers et d'ordinateurs plein les sacoches, avec à leur tête le chef de cabinet adjoint de Trump et le patron du Secret Service.

Côté français, on n'a pas fait non plus dans la modestie et la retenue : la préfecture de Police, la mairie de Paris, le ministère de l'Intérieur, les Affaires étrangères, le protocole, la sécurité, l'intendance, tout le monde veut en être. La salle des fêtes est à peine assez grande pour contenir tout ce beau monde.

Les discussions durent une bonne partie de la journée. Tout se passe bien. Les gens du Secret Service chargés de la sécurité de Trump sont de grands professionnels, parfaitement rodés à ce genre d'exercice, et vont s'adapter à notre dispositif. Je me méfie juste un peu des effets de manches du protocole. Je les ai vus à l'œuvre depuis deux mois, je commence à avoir une idée de leurs méthodes. C'est assez simple : ils parlent beaucoup et ne font rien. Lors des réunions de préparation des déplacements, ils se contentent en général d'attendre la fin et de retaper sur leur papier à en-tête le déroulé établi par les autres services, notamment notre secrétariat, celui de la chefferie de cabinet, sans doute l'un des plus efficaces et des plus sollicités du palais de l'Élysée.

En revanche, au protocole, ils partent toujours à trois ou quatre pour les missions de « préparation » sur le terrain, reviennent sans que l'on sache ce qu'ils ont fait et se révèlent totalement inutiles le jour J. J'ai vu le représentant du protocole arriver parfois cinq minutes avant le Président, totalement ignorant de ce qui allait se passer, alors qu'il était supposé avoir balisé le terrain en amont. Se précipitant sur l'aide de camp ou sur un officier de sécurité, le type demandait fébrilement quel chemin indiquer au Président, avant de faire celui qui sait, en montrant obséquieusement à Emmanuel Macron la voie à suivre :

— C'est par ici, Monsieur le Président.

L'autre grande caractéristique du protocole, c'est de s'attribuer systématiquement les opérations bien organisées ; en cas de pépin, en revanche, ils ouvrent leur grand parapluie du « C'est pas nous ».

Après des heures très studieuses, le programme des deux présidents est enfin calé, celui des deux premières dames aussi. Rodrigue Furcy, le chef de cabinet adjoint, prend la parole pour faire une rapide synthèse de la journée et il demande que chaque service concerné reste attentif aux derniers détails. Il termine en remerciant tous les participants, qui s'apprêtent à se lever, lorsqu'un type que je ne connais pas se dresse au milieu de la salle et prend la parole, en anglais. Moment de flottement dans l'assemblée. Je me penche vers Bio-Farina :

— C'est qui ?

— Le sous-directeur du cérémonial au ministère des Affaires étrangères.

Élégant dans son costume sombre de bonne coupe, l'homme appuie ses paroles de gestes amples, affectant une diction ampoulée. Son discours est un grand moment dans l'histoire des relations franco-américaines. Je traduis :

— Mesdames, messieurs, ne tenez aucun compte de tout ce que vous avez entendu aujourd'hui. Je suis le point d'entrée, et le seul, pour tout ce qui concerne l'organisation de ce déplacement.

Fermez le ban.

Je regarde Furcy, totalement ahuri, alors que la délégation américaine est parcourue par une onde d'incompréhension. On est au bord de l'incident diplomatique. Je m'empare d'un micro, demande au monsieur de se présenter, ce qu'il fait en insistant bien sur sa qualité de membre du Quai d'Orsay, puis je le remercie pour sa participation et recadre la salle :

— Mesdames et messieurs, le seul interlocuteur concernant cette opération, c'est le cabinet du président de la République. Si vous avez le moindre souci, nos services sont là pour vous aider. Le monsieur qui vient de parler n'a pas bien compris. Lui s'occupe des aspects protocolaires de la cérémonie. Le reste, je vous le confirme, c'est ici que cela se gère. Merci à toutes et tous.

Oser remettre en cause l'autorité du cabinet du Président devant de hauts responsables de la Maison Blanche montre bien l'outrecuidance de cette caste de gens imbus de prérogatives qu'ils se sont eux-mêmes accordées sans avoir parfois la moindre compétence dans les domaines concernés. Je découvrirai bien plus tard qu'ils ne sont pas les seuls à peupler les coulisses du pouvoir, que d'autres clans vivent en parasites sur la bête étatique, profitant des bienfaits du système grâce au sésame d'un diplôme ou de l'appartenance à un corps. Bienvenue dans le monde réel.

Mauvais perdant, le protocole du Quai d'Orsay va tenter une ultime manœuvre. Dix jours avant le début de la visite, les services de sécurité de Trump sont à l'Élysée pour les derniers réglages. Les Américains sont allés voir la tribune en cours de montage, place de la Concorde. La configuration des lieux ne leur inspire pas confiance. Ils nous annoncent qu'ils ont fait venir des vitres blindées depuis Washington et qu'ils vont les installer devant les deux présidents.

Pour nous, c'est hors de question. Les services de l'antiterrorisme sont là et expliquent que l'environnement sera entièrement sécurisé. Ces écrans, en plus d'être moches, sont donc totalement inutiles. Et de toute façon, Emmanuel Macron refuse absolument ce dispositif. Les Français ne comprendraient pas. J'explique notre position à nos amis, qui insistent et finissent par nous dire que le refus des vitres blindées pourrait remettre en cause la venue de Trump. Dont acte. Nous nous séparons de nos homologues sur ce constat de désaccord.

Dans la foulée, la coordination du protocole aux Affaires étrangères envoie un e-mail général pour expliquer que leurs interlocuteurs ne comprennent pas le refus de ce dispositif, refus qui remet gravement en question la suite des événements. Devant ce coup de pression, je réponds en copie à tous que la décision a été prise en concertation avec les services compétents et qu'il est hors de question de ne pas s'y tenir. Ce qui sera fait.

Mais les accords passés lors des réunions ont parfois un peu de mal à devenir réalité sur le terrain. Pour le dîner prévu au restaurant Jules Verne, au deuxième étage de la tour Eiffel, il a été convenu que les deux couples présidentiels prendraient l'ascenseur en compagnie chacun de quatre personnes, afin de leur laisser un peu d'espace vital dans la cabine. Côté français, il y aura le médecin de l'Élysée, l'aide de camp, un officier de sécurité et un membre de la chefferie de cabinet, moi en l'occurrence.

Sauf qu'au moment de monter trente types se précipitent vers la cabine. Avec les gens du GSPR, on parvient à repousser l'essentiel de la troupe, mais une dizaine de gros bras du Secret Service réussissent à franchir notre barrage improvisé. Les deux présidents n'ont rien vu de la bousculade et poursuivent leur conversation, de même que leurs épouses respectives.

Je regarde les types entrés en force et, un par un, je les fais sortir, calmement. « On a dit quatre, gentlemen. Alors, on respecte les engagements. Vous, dehors. Vous, dehors. Vous, dehors… » Ils sortent, sans un mot. Le compte est bon, la cabine peut partir. Les refoulés attendront le prochain voyage. Et moi, je ne me suis pas fait que des amis.

25

La préfectorale

Les relations internationales n'ont pas l'exclusivité des petits accrocs d'organisation. Les déplacements en région sont toujours précédés de réglages parfois délicats sur le plan des susceptibilités.

Début octobre, l'agenda du Président prévoit un déplacement en province. François-Xavier Lauch appelle le préfet du département, l'avise de notre venue et lui communique notre prévision de programme. Trois jours avant la visite officielle, nous sommes à la préfecture. Toutes les huiles du département sont là, autour du préfet. C'est un peu l'événement de l'année, alors tout le monde veut y participer.

Après une première réunion, nous nous rendons sur place en compagnie du préfet et de ses services. Là, un responsable de l'établissement nous fait les honneurs du site. Je visualise les déplacements et les itinéraires, en proposant quelques modifications qui me semblent nécessaires, de la manière la plus polie qui soit.

Je connais bien le Président, ce qu'il apprécie, ce qui l'agace. Il n'aime ni les trucs compliqués ni les choses embrouillées. Lui proposer de passer à droite pour aller à gauche, il n'aime pas.

Mes « suggestions » n'ont pas l'air de plaire à monsieur le préfet. Il tient dur comme fer à ce que l'on suive à la lettre les prescriptions préfectorales déjà établies. Je regarde Lauch à côté de moi. Il est tout rouge, signe d'une contrariété évidente, mais ne dit rien. Il est sous-préfet, et face à un préfet plus gradé que lui. Peut-être même se dit-il qu'un jour il risque de se retrouver sous ses ordres. Donc hors de question de s'opposer ouvertement à lui. C'est à moi que revient la basse besogne, vite expédiée au demeurant. J'explique que l'on va faire comme je dis, un point c'est tout.

Ce genre de situation a tendance à se reproduire à chaque déplacement en province. Les réunions de préparation en préfecture ressemblent parfois à des assauts d'escrime à fleurets mouchetés. Mais je parviens toujours à convaincre mes interlocuteurs de la nécessité de suivre le programme présidentiel tel que nous l'avons élaboré au sein du cabinet.

Évidemment, cela me vaut quelques inimitiés, mais peu importe. Je ne suis pas là pour câliner mon fan-club. Ma mission est de faire en sorte que la visite présidentielle respecte les objectifs fixés et se passe le mieux possible.

Une fois le programme établi, les itinéraires balisés et la liste des rencontres validée, le jour J arrive. Il faut mettre en musique la partition si soigneusement écrite. Et ce n'est pas une mince affaire ! Dès son arrivée, le Président est assailli par une nuée de personnalités. Parlementaires, élus locaux, ministres du gouvernement, c'est à qui sera au plus près du patron, histoire d'être « sur la photo ». Emmanuel Macron a horreur de ça. Il a besoin d'air, il lui faut de l'espace pour évoluer, rencontrer les gens venus l'accueillir ou le siffler, aller vers eux pour discuter. La sécurité s'accommodant assez mal de ces agglutinements incontrôlés, j'interviens, j'écarte, je dégage, j'éparpille. Entendons-nous bien : pas à la façon « puzzle » des *Tontons flingueurs*, mais fermement et poliment, même si je dois parfois insister.

Quelques députés recadrés par mes soins gardent sans nul doute un mauvais souvenir de notre rencontre, tels ces trois parlementaires, au salon du Bourget, qui avaient allègrement franchi les barrières pour se placer sur le chemin du Président. Je leur ai demandé de retourner derrière les barrières en leur rappelant que, sur chaque sortie du Président, un temps de rencontre avec les élus était réservé et qu'ils auraient donc tout loisir de lui parler. Ils ont fait mine de s'y tenir, avant de repasser en force au moment du passage de Macron. L'important, pour eux, c'était la photo.

Même ses conseillers se livrent à ce petit jeu. Il faut souvent leur rappeler la règle. « Si le Président a besoin de vos lumières, il vous fera appeler, ne vous en faites pas. » Allez, ouste, direction l'arrière du cortège, avec les autres experts ! L'exemple à suivre, c'est Jean-Michel Blanquer, le ministre de l'Éducation nationale. Il ne joue jamais des coudes pour se mettre en avant. Lorsque Macron lui demande de l'accompagner, il se tient tranquillement à l'écart, profitant de l'occasion pour bavarder avec ses interlocuteurs naturels, recteurs et inspecteurs d'académie. Mais il se tient prêt à intervenir si le Président en fait la demande. Un type parfait.

Toujours en retrait, François-Xavier Lauch et moi-même avons une place privilégiée dans le dispositif. C'est vers nous qu'Emmanuel Macron se tourne chaque fois qu'il est interpellé, au moment du bain de foule. Des gens lui glissent un mot pour demander de l'aide, il les écoute et nous passe les petits papiers en nous demandant de nous en occuper. Il est sensible aux démêlés de ses concitoyens avec l'administration, aux détresses sociales, aux problèmes liés au handicap. Il enregistre tout et nous demande régulièrement un point sur les demandes :

— Tu t'es occupé de la dame et de son fils handicapé ? Sinon, je le fais, moi.

En revanche, il ne prend jamais en considération les demandes de papiers ou de naturalisation. Il conseille juste de suivre les procédures en vigueur.

26

Guyane

Le 26 octobre 2017, Emmanuel Macron est en Guyane. Il n'est plus question de divergences d'opinions avec le préfet sur le choix de la porte d'entrée, ni de députés « collants » qu'il faut évacuer.

Cette fois, ce sont cinq cents manifestants costauds et cagoulés, les « Grands Frères », qui attendent de pied ferme le Président. Vraiment impressionnants.

Je suis arrivé la veille en compagnie de François-Xavier Lauch. La tension est toujours très vive depuis le mouvement social qui a paralysé le territoire six mois plus tôt. Dès son arrivée, Macron est parti pour Maripasoula, au sud-ouest. À Cayenne, un millier de personnes manifestent. Au moment de leur dispersion, la préfecture est attaquée par des dizaines d'assaillants. Je suis les escarmouches depuis les fenêtres du premier étage, dans un bâtiment transformé en camp retranché avec des CRS et des gendarmes un peu partout.

Le vendredi 27 au matin, nous faisons le point avec François-Xavier Lauch et le directeur de cabinet du préfet. Emmanuel Macron doit visiter le commissariat de police, alors que des centaines de manifestants l'attendent, dont les Grands Frères, sorte de milice locale contre la délinquance. Nous sommes tous les trois d'accord : c'est trop risqué, il faut annuler. Informé du changement de programme, le Président décide d'aller faire un tour dans le quartier chaud « des boîtes aux lettres ».

Pendant ce temps, les manifestants massés devant la préfecture deviennent très nerveux. Ils savent que Macron ne viendra pas au commissariat et commencent à s'agiter. Et il y a ce dîner, prévu dans la soirée, à la préfecture. On ne peut pas annuler deux événements dans la même journée. Je demande au chef d'escadron de la gendarmerie son estimation.

— Vous avez vu les gabarits, en face ? Avec les forces dont je dispose, je ne les retiendrai pas.

Je fais demander des renforts, qui arrivent sous une pluie de projectiles divers. On sent que tout peut basculer d'un moment à l'autre. L'arrivée du cortège présidentiel est annoncée dans les trente minutes. Impossible de le faire passer au milieu d'une émeute pareille.

Le bureau du secrétaire général de la préfecture s'est transformé en salle de crise. Sous la lumière jaunâtre d'un lustre décati, dans l'atmosphère à peine rafraîchie par un climatiseur à bout de souffle, je regarde les visages inquiets de mes interlocuteurs.

Le directeur départemental adjoint de la sécurité publique est incapable de prononcer une phrase qui a du sens. Le secrétaire général, un jeune énarque, est totalement dépassé. Le chef du GSPR qui m'accompagne est accablé par ce tableau. L'apparition du lieutenant-colonel de la gendarmerie dans l'encadrement de la porte ramène tout le monde à l'urgence.

— Je ne suis pas sûr qu'on puisse faire passer le cortège. Il me faut l'autorisation d'engager la force pour dégager la place.

Le secrétaire général, représentant de l'autorité civile, est le seul habilité à prendre la décision. Mais il en est incapable. Il se tourne vers moi.

— Monsieur Benalla, qu'est-ce qu'on fait ?

Je ne connais rien au maintien de l'ordre, qui est une affaire de spécialistes. Mais j'ai un impératif, permettre au Président d'accéder à la préfecture en toute sécurité.

— Allez-y.

— Vous êtes sûr ?

— Oui.

J'ai pris une décision politique, l'autorité civile a donné les ordres aux forces de l'ordre. Un quart d'heure plus tard, les gendarmes sont maîtres des lieux. Il reste encore dans l'air des nuages de gaz lacrymogène, les restes des quelque neuf cents grenades tirées par les forces de l'ordre. Le Président en est quitte pour un léger picotement oculaire en sortant de sa voiture.

Ce soir-là, j'ai dû prendre seul une décision qui dépasse mon champ de compétence. J'ai besoin d'en savoir plus sur ces opérations de maintien de l'ordre et de comprendre comment les choses sont organisées, sur quels critères, avec quels moyens, et ce afin de me prémunir si je devais à nouveau faire face à une situation de ce genre.

27

Cadeaux

Lorsque je prends mes fonctions à l'Élysée, en mai 2017, Patrick Strzoda, le directeur de cabinet du Président, m'assigne trois missions : l'organisation des déplacements en France, la coordination de la sécurité et la gestion des événements au sein du Palais.

J'en revendique aussitôt une quatrième, le service des cadeaux diplomatiques. Un truc qui n'intéresse personne et qui n'attire pas les candidatures. Patrick Strzoda, qui accède à ma demande sans discuter, ne sait même pas de quoi il s'agit.

S'occuper des présents que la France offre à ses hôtes, c'est participer – modestement, je le sais – à l'image de notre pays dans le monde.

La première difficulté consiste à trouver où se cache ce service. Après quelques tâtonnements, je finis par le localiser au dernier étage de l'hôtel de Marigny. Je suis accueilli chaleureusement par les deux secrétaires qui se partagent un modeste bureau.

Pour compléter la visite, elles m'ouvrent la porte du local de stockage, juste à côté. Sur les rayonnages, des boîtes de toutes tailles renfermant les objets les plus divers : cravates, pin's, médailles, horloges, stylos, le tout floqué du sigle de la présidence.

Ces humbles présents sont des outils de communication du Palais, remis lors de rencontres avec des délégations de conseillers techniques étrangers. Le GSPR a ainsi coutume d'offrir à ses homologues accompagnant des chefs d'État des petits souvenirs de l'Élysée.

Pour les invités de marque, la coutume a longtemps été d'offrir le soyeux carré Hermès et/ou le délicat vase de Sèvres. Délicieusement classique, mais terriblement ringard. De plus, je découvre, grâce aux deux personnes dévouées qui tiennent la boutique, que la maison Hermès n'accorde à la présidence qu'une modeste réduction sur le prix de vente public, alors que nous lui offrons ainsi une visibilité internationale.

Rapidement, je sollicite les responsables d'Hermès afin de renégocier l'accord. Faute de réponse de leur part, je contacte le navire amiral du luxe français, le groupe LVMH. Je connais bien son secrétaire général, Antoine Jamet. Il était le secrétaire fédéral du Parti socialiste de l'Eure, mon département, et je l'ai souvent croisé lorsque j'accompagnais Martine Aubry. Nous signons dans la foulée un accord de partenariat très avantageux pour les finances publiques. LVMH s'engage à nous consentir des rabais sur ses produits offerts aux grands de ce monde. Autre avantage : le groupe dispose d'une gamme très large, depuis les vins et spiritueux jusqu'aux articles de maroquinerie en passant par la sellerie et les parfums. De quoi combler les plus exigeants de nos hôtes en produits français.

Le secret du service des cadeaux diplomatiques, c'est la mémoire des deux secrétaires et leur fichier magique. Trois éléments indissociables qui permettent de tout savoir des goûts de nos invités de prestige, de leurs préférences et, surtout, d'éviter des doublons. Pour chaque personnalité, le fichier recense la totalité des cadeaux qui ont déjà été offerts. La tenue rigoureuse et la mise à jour permanente du fichier sont la clé de ce service. Petit, mais efficace.

Lorsqu'une visite importante est prévue à l'agenda, les deux assistantes se mettent en chasse. Elles épluchent les catalogues, interrogent les grandes marques et font une ou plusieurs suggestions lors d'une première réunion. Pour les premières dames ou les épouses, Brigitte Macron oriente les recherches, lorsqu'elle ne choisit pas elle-même le présent.

J'ai aussi quelques idées. Pour le président Trump, golfeur assidu, j'ai trouvé chez LVMH un superbe sac de golf siglé, qu'il s'est empressé d'utiliser à son retour sur le sol américain, selfie à l'appui. J'ai également découvert, pour le prince héritier du

Maroc, âgé de seize ans et féru de nouvelles technologies, un nouveau modèle de drone mis au point par une firme toulousaine. Le jeune homme était ravi. Il ignore qu'il est le seul et unique propriétaire de ce prototype, la marque ayant finalement décidé de ne pas le commercialiser en raison de son prix de revient trop élevé.

Le Premier ministre australien a reçu un kayak dernier cri « made in France », son homologue chinois, un cheval de la garde républicaine, envoyé à Pékin dans un vol spécialement affrété.

La République offre, mais la République reçoit aussi. Le petit service que je dirige a la responsabilité d'enregistrer et de répertorier l'ensemble des présents, stockés ensuite aux Archives nationales – sauf exception, comme pour le chameau offert à Emmanuel Macron lors de sa visite au Mali, et qui a été laissé sur place aux bons soins de l'ambassadeur de France.

28

Autos

Chaque président de la République est associé à une voiture emblématique. De Gaulle roulait en DS, Chirac en C6, Sarkozy en Velsatis.

Lorsque Emmanuel Macron arrive à l'Élysée, il récupère la DS5 de François Hollande et, d'emblée, la déteste. Il manque de place pour ses jambes et pour ses dossiers, la climatisation est en panne. Pas question de rouler avec. Problème, pour disposer d'une nouvelle voiture blindée, il faut compter deux ans de délai à partir de la commande.

Ma mission de coordination des services de sécurité du Palais incluant le renouvellement du parc automobile, je me penche alors sur l'épineuse question du véhicule présidentiel, conscient des deux exigences du patron : de la place pour ses jambes et des vitres qui se baissent pour pouvoir saluer les gens. Tous les spécialistes de la sécurité savent que baisser une vitre blindée est contraire à la plus élémentaire règle de prudence. Mais, sur ce point, je sais que la négociation est inutile.

Je fais le tour des ministères pour essayer de récupérer un véhicule opérationnel, sans résultat. Une fin d'après-midi, je vais boire un verre avec Jacques, le chef du garage de l'Élysée, et je lui raconte ma quête.

— J'ai la solution, me dit-il. On a eu en prêt, il y a longtemps, une Velsatis blindée spécialement rallongée de 20 centimètres, avec des vitres équipées de vérins hydrauliques increvables. Le top. On ne l'a pas gardée et elle est repartie chez Renault. Je vais la faire venir pour un essai.

Le temps de passer un coup de fil et Jacques me confirme :

— Elle sera là demain matin.

Tout content de cette nouvelle, j'en parle au chef du GSPR et au chef de cabinet, François-Xavier Lauch. Je récolte du premier une moue plus que dubitative et du second un avertissement :

— Une Velsatis, ça va poser un problème. C'est trop marqué Sarkozy pour le Président.

Le soir même, je passe au secrétariat particulier du Macron. Coup de chance, il est là, en train de bavarder. J'en profite pour lui proposer un essai de la Velsatis dans la matinée de demain.

— Sauf si vous y voyez un inconvénient, certains pensent que cela pourrait vous gêner de monter dans une voiture associée à Sarkozy.

Réponse aussi sec :

— Mais c'est quoi, cette connerie ? Bien sûr que je l'essaie.

Chose promise, chose due, le lendemain matin, la Velsatis est dans la cour, soigneusement lustrée. Je manœuvre les vitres des dizaines de fois, sans le moindre souci. Les vérins hydrauliques font merveille. Le reste est à l'avenant, avec un moteur surpuissant capable de bouger les trois tonnes de l'engin sans la moindre faiblesse. Le Président a l'occasion de l'apprécier quelques heures plus tard, en allant prendre un avion sur la base de Villacoublay. Installé à l'arrière de la voiture, une montagne de parapheurs posés sur le siège à côté de lui, il jauge le confort et l'espace à sa mesure.

— On la garde, me dit-il.

Reste à négocier avec Renault, légitime propriétaire du véhicule. Le général Bio-Farina se charge de l'opération avec succès. Affaire réglée.

29

Changement d'air

Progressivement, l'ambiance se transforme au Palais. Il y a eu l'euphorie des premiers jours, dans la droite ligne de la campagne victorieuse menée tambour battant par une équipe entièrement dévouée au candidat.

En s'installant à l'Élysée, le noyau des fidèles, auquel je revendique d'appartenir, avait insufflé un air nouveau, plein d'énergie, de détermination, presque de bonheur.

Puis il a bien fallu faire de la place aux nouveaux arrivants, recrutés pour leurs compétences, bien sûr, mais sans lien affectif particulier avec l'ex-candidat devenu président. Ces personnes ont amené avec elles leurs habitudes de travail et de pensée, forgées dans les écoles de la haute administration. C'est François-Xavier Lauch qui va me révéler le secret, un soir :

— Alexandre, tu es trop franc. Je vais t'apprendre la duplicité.

Merci, François, mais j'avais deviné. J'ai vu les « costumes gris » à l'œuvre.

Côté pile, ils font tout pour se faire bien voir du patron. Certains guettent son passage dans les couloirs, en embuscade dans les encoignures pour pouvoir faire semblant de le croiser par hasard et lui serrer la main en lui glissant un mot sur le travail formidable qu'ils accomplissent pour lui. Macron n'est pas dupe.

Et puis, il y a le côté face. Les mêmes, une fois dans leurs bureaux, se dispensent d'appliquer les consignes et de suivre les directives du Président. Ne rien faire. Le mot d'ordre du corps préfectoral et la garantie d'une carrière exemplaire. La trajectoire est tracée dès la sortie de l'École nationale d'administration.

Un premier poste de directeur de cabinet dans une préfecture, avec un bureau, une secrétaire et une seule consigne : pas de vagues, pas d'initiatives, tout est dans le manuel. Tu n'as qu'à le suivre à la lettre. Tu arrives à l'heure, tu assistes aux réunions et, surtout, tu ne fais rien.

Après deux années d'inaction, le bon élève peut espérer une mutation dans une administration centrale puis, s'il a fait preuve d'une vraie capacité à ne rien faire, une promotion au grade de sous-préfet et un poste de secrétaire général dans une préfecture.

Cette fois, il a un grand bureau, des secrétaires qui lui apportent des tas de papiers à signer dans des parapheurs. Lorsqu'il est saisi d'une demande, pas de souci. Il répond toujours « Je m'en occupe ». Puis il fait comme on le lui a appris : il met le dossier sur la pile pour son successeur.

À force de ne rien faire, il deviendra préfet, puis préfet de région, rejoignant ainsi la cohorte de ceux qui n'ont jamais fait parler d'eux, qui ont su passer entre les gouttes et n'ont jamais pris le moindre risque.

Enfin, les meilleurs dans la catégorie « serrage de mains et cirage de pompes » pourront espérer monter sur les dernières marches du podium : préfet de police, directeur de cabinet d'un ministre. Et, qui sait, directeur de cabinet du président de la République, le Saint-Graal. Seuls ceux qui ont assimilé la stratégie du « bois flottant » y parviennent. Se laisser flotter avec le courant, ne jamais se faire coincer dans les rochers, éviter les bras morts et, enfin, atteindre la mer.

Résumant parfaitement la situation, cette phrase d'un haut fonctionnaire qui me dit un jour : « Le problème de l'administration, c'est qu'il y a plus de slips en dotation que de paires de couilles. »

Patrick Strzoda est le digne représentant de la confrérie préfectorale. Il n'a jamais d'avis, ne prend pas de décision sans se couvrir en demandant la position du secrétaire général. Serviteur de l'État, et non du candidat élu, il ne se sent pas contraint par les demandes d'Emmanuel Macron. Je le découvre lors de la préparation du One Planet Summit, prévu pour début décembre 2017.

Ce sommet consacré au changement climatique doit se dérouler sur l'île Seguin, à Boulogne-Billancourt, tout près de Paris. On y attend 4 000 participants, une cinquantaine de chefs d'État et de gouvernement. Tout cela demande une préparation minutieuse. La première réunion se tient en novembre, dans le salon vert qui jouxte le bureau du Président. Nous sommes une quinzaine, autour de la grande table recouverte d'un tissu assorti aux rideaux vert amande. Avant d'entrer, Strzoda et Lauch m'ont pris à part et m'ont demandé de ne surtout rien dire durant la séance.

— Tu te tais et tu écoutes, on verra après.

J'obéis sagement, les bras croisés.

Le Président arrive, salue tout le monde et prend place dans le fauteuil d'apparat. Il s'est beaucoup impliqué dans l'organisation de cette manifestation, et notamment en ce qui concerne les déplacements des délégations. Puisqu'il s'agit d'un sommet sur l'environnement, pas question de faire circuler des convois de centaines de véhicules à moteur dans les rues de la capitale. Il veut que les invités soient transportés vers l'île Seguin en bateau, sur la Seine.

Autour de la table, le directeur de cabinet, le préfet de police et les représentants des différents services ne mouftent pas.

La réunion terminée, Macron file vers ses prochains rendez-vous, tandis que les participants rangent leurs dossiers en papotant. Ce que j'entends alors me laisse pantois.

— Il est bien gentil avec son truc des bateaux, hein ? Mais on ne va pas le faire. C'est trop compliqué.

Un autre renchérit :

— Il ne comprend rien. C'est impossible. On va mettre des bus, c'est plus simple.

Le Président vient de donner une directive et ces gars-là sont en train de s'asseoir dessus. Je n'en reviens pas. J'interviens :

— Mais ce n'est pas ce qu'il a demandé.

Ma remarque est accueillie avec un haussement d'épaules. Il ne faut pas compter sur eux.

Aucune importance, avec l'équipe rapprochée, nous nous occupons de l'affrètement des bateaux et de tous les aspects techniques. Le jour du sommet, Strzoda est furieux de voir que ses consignes n'ont pas été suivies, mais il n'en laisse rien paraître. Au soir de la manifestation, alors que tout s'est parfaitement déroulé, il me tape sur l'épaule en passant et me lâche un « Il est content ». Sans doute s'est-il vanté auprès du Président d'avoir consciencieusement mis en place la flottille de vedettes fluviales, afin d'en recueillir tout le mérite. Toujours prêt à voler au secours de la victoire.

J'ai compris l'un des modes majeurs de fonctionnement de la haute administration face au politique.

Dire oui, penser non et faire comme on l'entend, pas comme le Président l'a demandé. Emmanuel Macron va s'en agacer, un soir, lors d'une réunion en petit comité dans son bureau.

— J'en ai assez, dit-il en haussant le ton, chose rare chez lui. Quand je demande qu'on aille tout droit, systématiquement, on m'envoie un peu à droite ou un peu à gauche, mais jamais là où je veux.

Les présents ont regardé leurs chaussures, le temps de laisser passer l'orage, puis ils ont continué à faire comme ils en ont l'habitude.

Les plus tordus en la matière sont sans aucun doute les gens de Bercy. Outre le fait qu'ils cumulent les plus grosses rémunérations de la fonction publique, ce sont les spécialistes des coups fourrés. La baisse des APL en début de mandat, c'est eux. Je me souviens de l'étonnement au Palais au moment du début de polémique. La décision avait été prise par l'administration, sans passer par l'Élysée ni la moindre forme d'arbitrage. Bercy y tenait, alors Bercy l'a fait.

Le maintien du prélèvement de l'impôt à la source, c'est la même histoire. En septembre 2018, le Président doutait de l'intérêt du dispositif. Ça allait coûter cher, c'était lourd. Il évoquait même un possible report de la mesure, dont l'application était prévue pour le 1er janvier 2019. Qu'a fait la Direction générale des finances publiques ? Elle a publié sur le réseau Twitter : « Bonjour, nous sommes confiants sur le fait que toutes les réponses à toutes ses questions lui seront apportées et que le calendrier sera tenu. » Signé : #gauloispasréfractaire. Si ce n'est pas se foutre de la gueule du patron, c'est quoi ? Pourtant, le prélèvement à la source est entré en vigueur au 1er janvier. Quand Bercy veut, Bercy obtient.

30

Boxe

Poum. Le coup a fait un bruit mat.

Tonton, un costaud, vacille sur ses jambes. Sonné. Le Président vient de lui expédier une droite d'enfer. Dans la petite salle, les rares témoins de la scène cessent toute activité, regards tournés vers les deux hommes qui se font face. Tonton fait signe. Il arrête, il a son compte. Son partenaire du jour s'incline et ôte ses gants. Fin de la séance.

Ce n'est pas tous les jours qu'un policier du GSPR, surtout du calibre de Tonton – 120 kilos et deux têtes de plus que Macron –, se fait cueillir par le Président.

Ancien des brigades anticriminalité d'Aulnay-sous-Bois, dans le « 9-3 », il est l'un des plus solides gaillards du groupe. Et Macron n'est pas dupe. En face de lui, les officiers retiennent leurs coups, malgré ses encouragements à y aller et à lui rentrer dedans. Tous savent que la moindre blessure est exclue.

Tous les jours ou presque, le Président descend dans la salle, située dans les sous-sols du Palais. L'endroit a des allures de chapelle laïque, avec son plafond voûté et ses murs en pierre ocre. Des tatamis verts sur le sol accueillent les démonstrations d'arts martiaux du général Bio-Farina, grand expert en la matière. Les hommes des équipes de sécurité, les EDS, et du GSPR s'y entraînent également.

Je suis sans doute moins assidu à la boxe que Macron, mais j'y descends dès que je peux avec Ludovic Chaker ou Ismaël Emelien. On évite autant que faire se peut d'y aller lorsque le Président s'y trouve. Il n'aime pas les curieux.

Il est beaucoup plus tranquille à la Lanterne, à Versailles. Lorsqu'il y passe le week-end en famille, il ne manque jamais d'enfiler les gants contre ses officiers de sécurité ou de faire un footing en compagnie de son aide de camp.

31

Le Touquet

Une curieuse rumeur a longtemps affirmé que je possédais les clés de la villa du couple Macron au Touquet. Cela n'a jamais été le cas, bien évidemment. En revanche, je les ai accompagnés à plusieurs reprises durant la première année présidentielle.

Le dispositif comprend les équipes chargées de la protection, mais aussi l'aide de camp, le médecin et le chef du GSPR, logés dans un hôtel voisin.

La maison est située dans une petite rue qui file vers la plage. Trois niveaux, un rez-de-chaussée occupé par deux commerces, la villa Monéjan est vite devenue une attraction touristique. Les balades à vélo ou le cours de tennis dominical du Président tournent au casse-tête pour échapper à la foule.

Christian Guédon et moi finissons par installer un « itinéraire bis » au fond du jardin, avec la complicité du voisin et l'aide de son échelle. Une voiture banalisée sans aucun signe distinctif nous attend sagement et nous conduit vers un gymnase couvert, à l'abri des regards. Le Président peut alors échanger des balles avec son professeur, le même depuis des années.

Mais la présence de badauds de plus en plus nombreux et de photographes en quête d'un cliché « privé » devient trop pesante.

Les séjours au Touquet se raréfient. L'avantage, c'est que je n'ai pas besoin de rendre les clés…

32

Johnny

Il est 2 h 30 du matin, le 6 décembre 2017, lorsque le téléphone de Brigitte Macron sonne. Elle est seule dans les appartements privés. Le Président est en voyage officiel en Algérie.

À l'autre bout du sans-fil, Laeticia Hallyday, en pleurs, annonce le décès de Johnny.

Brigitte et Laeticia se connaissent et s'apprécient. Elles se sont rencontrées lors d'un dîner chez des amis communs l'année précédente et ont sympathisé. Tout naturellement, Laeticia a ensuite invité le couple Macron chez eux pour fêter l'anniversaire de Line Renaud, en juillet 2016.

Les deux couples s'apprécient beaucoup et ont dîné plusieurs fois ensemble, toujours en compagnie de Line Renaud.

Lorsque j'arrive au Palais, je sais déjà que la journée va être chamboulée. La nouvelle de la mort du chanteur est sur toutes les radios, les chaînes de télévision tournent en boucle sur l'événement. Il est encore très tôt, mais je suis sûr de trouver Pierre-Olivier Costa, le directeur de cabinet de Brigitte Macron, à son poste. Je file directement dans l'aile est, au rez-de-chaussée, juste sous les appartements privés. C'est là qu'est installé le secrétariat particulier de la première dame. Brigitte passe par là, l'air très préoccupé.

— Ah, bonjour Alexandre. Il faut s'occuper de cette affaire. Je ne sais pas ce que veut faire le Président. Mais il faut s'en occuper.

Elle repart, soucieuse. Costa se dépêche de ramasser quelques papiers sur son bureau encombré de parapheurs en souffrance.

— Ce n'est pas aujourd'hui que je vais les signer. Bon, tu vois ça comment, Alex ?

— Je crois qu'il faut aller sur place.

— Brigitte Macron va partir avec Furcy et Tristan [le chef de cabinet de Brigitte Macron].

— D'accord. Je donne quelques coups de fil à mes contacts et on y va tous les deux.

Je ne sais rien de la suite, mais je préfère alerter les gens avec lesquels je travaille au quotidien. Services de l'Élysée, préfecture de Police, mairie de Paris, l'orchestre est prêt. Il ne manque plus que la partition. Il est temps d'aller à Marnes-la-Coquette pour sonder les intentions de la famille du chanteur.

Les abords du parc privé de Marnes-la-Coquette, défendu par de hautes grilles vertes, sont encore déserts. Il faut montrer patte blanche pour pénétrer dans l'enceinte qui abrite une trentaine de villas et résidences imposantes. La Savannah, la maison de Johnny, n'est pas la plus fastueuse, et de loin. Mais ce matin-là, elle est sans doute la plus fréquentée. Lorsque j'entre dans le grand salon du rez-de-chaussée, la pièce est pleine de monde. J'aperçois Brigitte Macron, sur le canapé, avec Laeticia, complètement effondrée. La première dame s'apprête à prendre congé pour regagner le Palais.

Nous convenons avec le manager de Johnny qu'il s'occupe de la partie artistique et technique de la cérémonie. Nous, du reste. Très vite, Laeticia émet le souhait d'organiser la cérémonie à l'église de la Madeleine, mais elle ne connaît pas le nom d'un prêtre susceptible d'officier. L'archevêché propose Mgr Benoist de Sinety, le vicaire général de l'archidiocèse de Paris, que je me charge d'aller récupérer à Notre-Dame et de ramener d'urgence à Marnes-la-Coquette. Puis je retourne au Palais.

La machine de l'Élysée s'est mise en branle. Une cellule de crise est en place, installée dans ce que l'on appelle la MSR, la moyenne salle de réunion, au premier étage de l'aile ouest. Une cinquantaine de personnes travaillent depuis plusieurs heures sur les demandes formulées par la famille et les proches du chanteur.

Mimi Marchand, amie du couple Macron et de la famille Hallyday, assure la liaison avec Laeticia lorsqu'il faut préciser tel ou tel point.

Le directeur de cabinet, le chef de cabinet et son adjointe, Marie Argouarc'h, valident les propositions au fur et à mesure : prise en charge et envoi de huit cents invitations, organisation d'un défilé de sept cents bikers en Harley-Davidson, la moto fétiche de Johnny, sécurisation du public sur tout le trajet avec la mobilisation de mille cinq cents policiers. Seul le survol du cortège funèbre sur les Champs-Élysées par les avions de la patrouille de France est retoqué. L'option est jugée « excessive », d'autant que ce genre d'hommage est normalement réservé aux obsèques de chefs d'État ou de militaires de haut rang.

En fin d'après-midi, Brigitte Macron fait une brève apparition dans la salle. À peine a-t-elle poussé la porte que les cinquante occupants se lèvent, en silence. C'est impressionnant. Puis elle prend la parole.

— Je vous remercie toutes et tous de vous mobiliser dans ces circonstances particulières. Il s'agit d'un moment important et d'un hommage exceptionnel. Merci encore.

En vingt-quatre heures chrono, tout est calé, au prix d'une nuit sans sommeil pour beaucoup de collaborateurs.

Le jour de la cérémonie, j'assiste à l'hommage à l'extérieur de la Madeleine. Mon rôle s'est borné à une visite matinale de l'église, pour vérifier que tout était prêt, et à réserver une place supplémentaire dans l'espace prévu pour les personnalités, le fameux « carré VIP ».

Patrick Strzoda a insisté pour que son ami Christian Prouteau puisse y accéder. Prouteau connaissait bien Johnny et les deux hommes jouaient de temps en temps de la guitare ensemble.

Quelques semaines plus tard, Sylvain Fort me téléphone.

— Alexandre, tu peux venir une minute ?

Je vais jusqu'à son bureau, il me tend un dossier mince en me disant :

— Tu es au courant ? Regarde ça.

J'ouvre la chemise cartonnée. À l'intérieur, des factures transmises par le manager. Le manager du chanteur défunt demande le remboursement de plusieurs centaines de milliers d'euros, des frais occasionnés, écrit-il, par l'organisation des obsèques. Parmi les justificatifs de dépenses se trouvent pêle-mêle les factures des fleuristes, qui n'ont pas lésiné sur la commande, des notes d'hôtel pour le logement de tous les invités, ainsi que leurs notes de taxi, les frais de location de la sonorisation… Cerise sur cet étrange gâteau, la facture du cercueil est agrafée à la liasse.

Après une étude minutieuse de l'ensemble et quelques coups de fil pour vérifier la réalité des montants indiqués, j'appelle le manager. Il se souvient parfaitement de moi. Tant mieux.

— Monsieur, j'ai vos factures sous les yeux et je crois qu'il y a un malentendu.

— Pas du tout, vous vous étiez engagés à prendre en charge les obsèques.

— On ne se comprend pas très bien. On vous a effectivement dit que nous prenions en charge l'hommage national. Pas la location de matériel de sonorisation, l'achat de fleurs, sans parler du cercueil.

— Mais c'est impossible, ma société ne peut pas payer. C'est à vous de régler ça.

— Monsieur, est-ce que nous avons signé un bon de commande correspondant aux prestations dont vous demandez le règlement ? Est-ce que vous avez un devis, un SMS de confirmation, une trace d'engagement ?

À l'autre bout du fil, mon interlocuteur bredouille, évoque sa ruine imminente, parle d'une trahison. Je le recadre aussitôt.

— Brigitte Macron a dit qu'elle aiderait Laeticia. J'en suis témoin, comme vous. Elle l'a fait. Elle l'a soutenue, elle a fait en sorte que l'hommage national ait lieu conformément aux souhaits de Mme Hallyday. Maintenant, si vous le souhaitez, nous pouvons partager la poire en deux. Je paie la moitié de vos factures, vous réglez la moitié du coût de l'hommage national pris en charge par l'État et qui se monte à trois fois la somme que vous m'exposez.

La conversation a tourné court après cet échange. Le manager est revenu à la charge une ou deux fois, puis il a abandonné. Au grand soulagement de tout le monde.

33

« S'il arrive quelque chose à Brigitte »

— Houhou, POC [Pierre-Olivier Costa], tu es là ?

Cela fait dix minutes que je cherche le directeur de cabinet de Brigitte Macron. J'ai d'abord passé la tête dans son bureau. Vide. J'ai questionné sa secrétaire.

— Je ne sais pas du tout où il est. Peut-être avec Madame, dans le jardin ?

J'ai jeté un coup d'œil dehors, personne.

— Ou alors, aux toilettes ?

J'ai attendu devant la porte, sans que personne n'en sorte. J'ai fini par y entrer. Vides. Alors je suis revenu vers le bureau.

— Alexandre, je suis là.

Une main s'agite au-dessus du mur de parapheurs rouges sur sa table de travail. Totalement invisible, il est plongé dans la correspondance destinée à Brigitte Macron. Pierre-Olivier Costa est le dernier maillon de la chaîne qui traite chaque jour l'imposant courrier adressé à l'épouse du Président. Et elle en reçoit beaucoup.

Toutes les épouses de présidents de la République se sont trouvées dans la même situation, croulant sous l'avalanche de lettres dans les premières semaines de leur installation. Sauf que, pour elle, le phénomène ne se tasse pas. Les mois passent, les sacs postaux qui arrivent quai Branly, au service de la correspondance présidentielle, sont toujours aussi pleins.

Là-bas, une équipe spécialisée ouvre, lit et classe les missives. Elles sont ensuite transférées vers les services concernés. Le courrier pour Brigitte Macron est placé dans des parapheurs et transmis à Pierre-Olivier Costa. À lui de préparer les propositions de réponse soumises à la signature de la première dame.

Brigitte Macron est très investie dans les domaines de la santé et de l'éducation. Elle est attentive aux détresses et aux situations d'injustice dont elle est saisie et qu'elle tente de résoudre. Elle fait aussi passer les messages au Président, lui apportant un peu de la petite musique du dehors, celle de la vraie vie. Elle fait entrer de l'humanité dans ce système froid et technocratique qu'est la machine du pouvoir.

Évidemment, le flot des missives charrie quotidiennement son lot de déchets : menaces, insultes et autres joyeusetés. Toutes sont interceptées très en amont. Mais les officiers du GSPR affectés à la protection de Brigitte Macron sont attentifs, même s'il est difficile de faire le tri entre l'acte gratuit et le signe d'un illuminé dangereux. Je suis d'autant plus inquiet que sa silhouette est reconnaissable entre toutes. Le Président peut se promener incognito, avec une casquette enfoncée jusqu'aux yeux et un col relevé, les passants n'y voient que du feu. Je le sais, je l'ai testé plus d'une fois.

En revanche, Brigitte, avec son allure et sa coiffure, est immédiatement repérée. J'estime qu'il faut renforcer sa sécurité lors des sorties. Le colonel Lavergne approuve, mais ne dispose pas des deux postes nécessaires à ce renforcement.

Je vais en parler à François-Xavier Lauch. Je toque à sa porte et passe la tête avant qu'il ne m'ait répondu. Une habitude qui l'agace, je le sais, mais qui me permet d'accéder plus vite à lui.

— François, je peux te parler deux minutes ? C'est important.

— Bien, entre, de quoi s'agit-il ?

Je m'assieds face à lui. Il continue de signer les parapheurs qui s'entassent en piles de chaque côté du bureau. À gauche, à signer. À droite, signé.

— Voilà, avec Lavergne, on pense qu'il faut renforcer la sécurité de Brigitte Macron. Elle est très exposée et, s'il lui arrivait quelque chose, ce serait dramatique.

Silence. Il lève les yeux vers moi, me regarde et lâche un long soupir. Puis il demande :

— S'il arrive quelque chose à Brigitte Macron, est-ce qu'on aura un problème institutionnel ?

J'ai du mal à saisir son propos. Au point que j'en reste muet – ce qui est rare chez moi. Lauch se lance dans une courte démonstration.

— Tu vois, deux postes en plus, c'est au moins six bonshommes, avec les repos et les congés, donc six équivalents temps plein. Je calcule, ça fait… trop. Et, je répète, s'il arrive quelque chose à Brigitte Macron, est-ce qu'on a un problème institutionnel ? Non. Alors, on ne change rien. Merci Alexandre.

Puis il replonge dans son parapheur.

Je sors du bureau, sonné. Je viens d'entrevoir la vraie nature de ces technocrates, leur grandeur d'âme et leur affect, au service de l'État quel que soit son représentant. Moi, comme toutes celles et ceux qui ont fait la campagne, j'ai travaillé pour un homme et pour ce qu'il porte, pas pour une machinerie capable d'obéir un jour à un gouvernement démocratique, le lendemain à une armée d'occupation. Comment ne comprend-il pas que l'équilibre du Président dépend aussi de la présence de son épouse à ses côtés et que, donc, l'un ne va pas sans l'autre ?

Avec l'aide de Lavergne, nous avons réussi à trouver le moyen de renforcer la sécurité de Brigitte Macron sans passer sous les fourches caudines du chef de cabinet et ses obsessions comptables. Mais ce jour-là, j'ai compris que j'étais à un point de rupture.

Le monde des technocrates en costume gris n'était pas le mien. Ils me le feraient savoir un jour…

34

« Pourquoi pas des tapis volants ? »

Vendredi 23 mars 2018.

Il est bientôt midi et je dois rejoindre Ludovic Chaker pour déjeuner dans un restaurant, non loin du Palais. Je marche rue du Faubourg-Saint-Honoré quand mon téléphone vibre. Quelques mots sur l'écran. « Possible fusillade en cours près de Carcassonne. Attentat et prise d'otages. » L'alerte émane du SPI, le service permanent de l'information, une petite cellule composée de policiers et de gendarmes, installée dans les locaux du commandement militaire. Le SPI scrute en temps réel, 24 heures sur 24, l'actualité mondiale.

Dans les minutes qui suivent, d'autres messages précisent la gravité de l'événement en cours. Un homme armé a tué plusieurs personnes et s'est retranché avec des otages dans un supermarché, à Trèbes, dans l'Aude, à quelques kilomètres à l'est de Carcassonne. Patrick Strzoda, le directeur de cabinet, m'appelle :

— Alexandre, le procureur de la République doit se rendre sur place, il faut lui trouver un avion.

Le déjeuner avec Ludo tourne court. Je rendre dare-dare au bureau, le téléphone collé à l'oreille. Je fais le tour de tout ce qui peut voler. Les deux avions Falcon de la présidence ?

— Ils sont à Bruxelles, avec le Président en visite au Parlement européen, me répond l'aide de camp de permanence.

La procédure prévoit en effet la présence d'un « avion de rechange » en cas de panne. Le militaire me précise que des demandes de transport affluent de partout.

Peut-être un strapontin dans le Transall du GIGN qui doit décoller de Villacoublay avec un groupe d'intervention ? « Trop tard, ils sont déjà en l'air. » Je me tourne vers le ministère de l'Intérieur, qui dispose de plusieurs avions affectés à la police de l'air et des frontières.

— Ils ont tous décollé depuis un moment, m'assure mon correspondant.

La solution vient finalement de l'aide de camp, qui dégote un aéronef disponible et oublié dans un coin de hangar. Équipé d'appareils de prises de vue aériennes, il sert habituellement à faire de la cartographie, mais il dispose de six places assises. Le procureur Molins est casé.

Patrick Strzoda me demande alors de filer à la salle de crise du ministère de l'Intérieur pour préparer l'arrivée du Président, qui rentre d'urgence de Bruxelles. La cour du ministère est libérée de tous les véhicules qui y stationnent. Le cortège présidentiel franchit les grilles, le Président et sa suite descendent dans la salle pour un point de situation. Emmanuel Macron est en duplex avec le ministre de l'Intérieur, Gérard Collomb, en déplacement à Lyon. Il dialogue en même temps *via* une autre liaison vidéo avec les responsables de l'opération sur place, à Trèbes. Pendant deux longues heures, il reste en contact direct avec l'événement, jusqu'au dénouement tragique. À 14 h 24, le GIGN donne l'assaut.

Quatre minutes plus tard, le terroriste est abattu. Un haut gradé de la gendarmerie, le lieutenant-colonel Arnaud Beltrame, est grièvement blessé. Il avait pris la place des otages. Atteint de plusieurs balles et entaillé profondément à l'arme blanche au niveau de la gorge en tentant de désarmer le terroriste, il décédera dans la nuit.

Le lendemain est un samedi pas comme les autres. La mort du gendarme fait la une de tous les médias. Il y a dans l'air une sorte d'émotion collective palpable. Je le sens en me rendant au bureau, en début de matinée. Je retrouve François-Xavier Lauch et les membres du cabinet pour une très brève réunion empreinte de gravité.

— Le Président a décidé de rendre un hommage national au lieutenant-colonel Beltrame, explique le chef de cabinet.

À nous d'en tracer les contours. La mission est fixée, chacun repart avec son dossier sous le bras. Le reste de la journée se passe en coups de fil échangés, en allers-retours d'un bureau à l'autre. Le scénario se dessine peu à peu.

Vers 18 heures, tout le monde se retrouve dans le salon vert. Le Président est assis au centre de la longue table, entouré de Patrick Strzoda, François-Xavier Lauch, Alexis Kohler, Sylvain Fort, Sibeth Ndiaye et de plusieurs conseillers. Le programme de l'hommage tel que nous l'avons imaginé : veillée autour du cercueil au Panthéon, cortège jusqu'aux Invalides… Un préfet de l'assemblée a une objection :

— Le Panthéon, c'est un peu trop.

J'ai du mal à garder mon calme.

— Et donner sa vie, c'est pas un peu trop ?

Personne ne bouge. Le moment n'est pas le mieux choisi pour régler des comptes avec la préfectorale. Alors, je ravale ma colère. D'autant que nous avons un plan B.

— La veillée peut se tenir dans la caserne de la garde républicaine qui est proche du Sénat.

Approbation muette mais générale. En revanche, je tiens bon sur la suite.

— Le cortège funèbre partira du Panthéon, pour aller jusqu'aux Invalides.

Fin de la réunion. Restent quelques détails techniques à régler. Le diable s'y tient en embuscade.

Car j'ai prévu ce que l'on appelle un « piquetage », avec le positionnement d'un policier tous les vingt mètres le long du parcours, et l'intervention de la cavalerie de la garde républicaine juste avant l'entrée dans la cour des Invalides, au niveau du pont Alexandre-III. Pour un hommage national, cela me semble de rigueur. Un avis qui n'est manifestement pas partagé.

Dans les heures qui suivent, les échanges avec mes interlocuteurs se durcissent. Au téléphone, le représentant de la préfecture de Police m'explique qu'il n'a pas assez de monde pour le piquetage du trajet complet.

— Mais on peut en faire un peu au début et un peu à la fin, me dit-il.

Et Beltrame, il est mort un peu au début et un peu à la fin ? C'est n'importe quoi. Je vais voir Lauch pour qu'il m'appuie. Mauvaise pioche.

— Tu nous casses les pieds, arrête avec tes trucs de gendarme. Et pour les chevaux de la garde républicaine, tu oublies. Pourquoi pas des tapis volants, tant qu'on y est ?

J'ai compris. Arnaud Beltrame n'est pas policier. Ce n'est pas l'un des leurs. Ils veulent bien d'un hommage, mais au rabais. Je n'ai pas vraiment le choix, alors je négocie. Un piquetage tout le long du parcours, mais plus écarté. Le cercueil aura au moins l'honneur d'être salué par des uniformes au garde-à-vous du début à la fin. Avec l'appui du général Bio-Farina, je maintiens l'escorte à cheval et je l'obtiens.

La cérémonie est digne du sacrifice d'Arnaud Beltrame. Après l'hommage officiel et le discours, Emmanuel Macron s'entretient un long moment avec la famille du gendarme dans les salons privés du gouverneur militaire des Invalides. C'est là qu'il me fait appeler.

— Alexandre, je vais aller à l'enterrement de Mireille Knoll. Je veux un truc discret. Vous voyez ça.

Mireille Knoll, quatre-ving-cinq ans, rescapée des camps nazis, a été assassinée le 23 mars, le jour de la mort du lieutenant-colonel Beltrame. Son meurtrier l'aurait poignardée à onze reprises, avant de mettre le feu à son appartement. Assassinée parce que juive.

Aussitôt rentré au Palais, j'organise la sortie du patron. Le Président est installé dans la blindée, avec son directeur de cabinet, Patrick Strzoda. Un policier du GSPR est au volant, un autre occupe le siège passager. Un second véhicule, la « suiveuse », conduit par un policier du GSPR, transporte le médecin militaire, Sibeth Ndiaye, François-Xavier Lauch et moi-même.

Notre petit cortège sort par les jardins, ni vu ni connu, direction le cimetière de Bagneux, dans les Hauts-de-Seine. Seul le fils de Mireille Knoll est informé de la visite. Il a donné son accord la veille.

Et c'est vers lui que le Président se dirige dès son arrivée.

Visage fermé et kippa sur la tête, pour respecter la tradition juive, il serre longuement l'homme aux cheveux gris dans ses bras avant d'assister en silence à la courte cérémonie.

35

La réforme impossible

Lorsque Emmanuel Macron arrive à l'Élysée, en mai 2017, il trouve sur son bureau des dossiers jamais traités par ses prédécesseurs.

Un adage bien connu de la haute administration l'assure : il n'y a pas de problème qu'une absence de solution ne saurait régler.

Parmi les questions en souffrance figurent les observations réitérées de la Cour des comptes, dans ses derniers rapports, demandant une meilleure organisation des services qui assurent la sécurité du président de la République. La Cour pointe ainsi chaque année le manque de transparence financière de ce poste, dont une partie des coûts est supportée, directement ou indirectement, par les ministères de l'Intérieur et de la Défense.

Il est vrai que la situation est pour le moins curieuse. Deux entités distinctes assurent la sécurité du président de la République. Dans l'enceinte du Palais et dans les résidences qui y sont rattachées, elle est du ressort du commandement militaire et s'appuie sur deux cent cinquante gendarmes. Mais dès que le Président et sa famille mettent un pied dehors, l'affaire passe sous le contrôle du GSPR, composé de policiers du service de la protection (SDLP) et de gendarmes du Groupe d'intervention de la gendarmerie nationale (GIGN).

Deux services différents, avec deux parcs automobiles distincts, deux états-majors, la situation est quand même assez incongrue, alors qu'il s'agit d'une seule et même mission.

J'ai la conviction qu'une remise à plat de tout le dispositif est nécessaire, afin de mettre sur pied une direction unique chargée de la sécurité de la présidence. J'ai beaucoup réfléchi à ce que pourrait être cette nouvelle entité, je crois avoir une bonne vision des choses, j'ai la connaissance du monde de la sécurité, privé comme officiel, et une large expérience du terrain.

Je sais aussi que les méthodes de recrutement au GSPR doivent évoluer et s'homogénéiser. Pour entrer au SDLP, un policier doit avoir deux ans d'ancienneté, subir une semaine de tests et suivre une formation de quinze jours.

Pour intégrer le GIGN, un gendarme a besoin de cinq années d'expérience et doit suivre un pré-stage sélectif d'un mois, puis, s'il est retenu, une formation de huit mois suivie d'une année obligatoire au sein de la force de protection des ambassades françaises à l'étranger. Les référentiels sont trop différents et au fil des années la différence de niveau physique entre policiers et gendarmes au sein du GSPR n'a cessé de se creuser. Même si, il faut le reconnaître, les policiers sont souvent plus roublards et démerdards que les gendarmes ; ils sont comme moi, ils ne s'embarrassent pas du protocole pour régler des situations délicates.

Au quotidien, tout fonctionne normalement et la sécurité du Président est assurée, essentiellement grâce à l'intelligence des chefs d'unité et au dévouement des personnels. Mais de temps en temps, ça coince. Les policiers se plaignent de la rigidité des gendarmes. Les gendarmes trouvent les policiers pas au niveau.

Il est temps de mettre tout le monde sous un seul statut, avec les mêmes critères de sélection et les mêmes obligations. Le général Bio-Farina, commandant militaire du Palais, et le colonel Lavergne, patron du GSPR, sont d'accord et prêts à travailler sur ce projet, Emmanuel Macron a donné son feu vert. Il faut y aller.

C'est chose faite en octobre 2017. Bio-Farina prend la tête de la réforme. Sa capacité de travail, son expérience et la profondeur de sa réflexion sont de précieux atouts et un gage de qualité pour nos travaux. Les consultations et les réunions s'enchaînent.

Christian Prouteau, fondateur du GIGN en 1974, puis du GSPR en 1982, participe à plusieurs de nos échanges et son expertise nous est très utile. Patrick Strzoda nous l'a présenté quelques mois plus tôt. Les deux hommes se connaissent depuis les Jeux olympiques d'hiver d'Albertville, en 1992. Prouteau, devenu préfet, était le responsable de la sécurité, Strzoda, à l'époque simple sous-préfet, le secrétaire général du comité d'organisation.

Après plusieurs semaines de travail, Bio-Farina, Lavergne et moi rédigeons un premier rapport exposant nos propositions. Le document est remis à Patrick Strzoda. Je lui ai transmis, ainsi que le général Bio-Farina, des dizaines de notes et de documents, au fur et à mesure de l'avancement des travaux.

À partir de ce moment, plus rien ne se passe. Le général s'impatiente, Lavergne s'interroge. Je pose régulièrement la question à Strzoda, qui me balade. « Tout va bien, il faut y aller doucement. » Au point qu'un soir, je me décide à en parler au Président, lors d'un rapide échange dans le bureau de sa secrétaire.

— Monsieur le Président, notre affaire, la réforme de la sécurité, ça n'avance pas.

— Comment ça ? Il faut y aller, maintenant. Il faut la mettre en place.

Le lendemain matin, j'attends la fin de la réunion de 7 h 30 dans le bureau de Patrick Strzoda. Une fois en tête à tête avec lui, je lui transmets le message présidentiel.

— Bien sûr, Alexandre. Je vais en parler à Fratacci.

Chaque jeudi, Patrick Strzoda reçoit Stéphane Fratacci, le directeur de cabinet de Gérard Collomb, ministre de l'Intérieur. Chaque jeudi, avant la rencontre, je fais une piqûre de rappel pour que Strzoda n'oublie pas d'évoquer la réforme. Chaque jeudi, après la rencontre, j'obtiens le même commentaire : « Ne vous inquiétez pas, Alexandre, ça avance, il faut touiller. » Touiller, c'est son mot, un truc passe-partout qui veut tout et rien dire. Et qui permet surtout de noyer le poisson.

Ce que Strzoda n'ose pas dire, c'est qu'il a peur d'affronter son collègue Fratacci, préfet comme lui et totalement opposé à la réforme. Le côté police est en effet vent debout contre l'idée d'un corps unique, qui les ferait disparaître de l'environnement présidentiel. Le ministre de l'Intérieur ne veut pas se priver de ces yeux et de ces oreilles, placées au plus près du Président, et qui peuvent l'informer en sous-main sur les intentions du patron. Protéger, c'est aussi surveiller…

Les semaines passent sans que rien ne bouge, jusqu'au soir où, lors d'un bavardage dans son secrétariat particulier, le Président me demande où en est cette fameuse réforme. Je lui dis qu'il est forcément au courant, puisque Strzoda nous dit qu'il lui en parle souvent. Le patron ouvre des yeux qui en disent long. J'en profite pour lui passer directement notre rapport, qu'il n'a bien entendu jamais eu entre les mains. Et, surtout, je lui suggère de relancer son directeur de cabinet.

Le lendemain matin, lors de la réunion rituelle de 7 h 30, Strzoda prend un air très solennel, les deux mains à plat sur son bureau, le buste raide. Il tousse, se racle la gorge, signes annonciateurs d'une nouvelle d'importance.

— Le Président m'a demandé de réformer la sécurité de la présidence. C'est désormais l'une de mes priorités.

Il était temps. On est en avril 2018. Voilà six mois que ce bon directeur passe nos notes, documents et propositions dans sa broyeuse. Il est sacrément gonflé. Mais l'essentiel, c'est de lancer la réforme. Alors, on passe.

Dans les jours qui suivent, le directeur de cabinet redemande les notes qu'il n'a jamais lues, s'agite et convoque une grande réunion, avec plus de cinquante personnes. Il nous a demandé, à Bio-Farina, Lavergne et moi, de monter à la tribune à ses côtés. Il commence par un petit discours très martial, genre : « Ma mission, c'est la réforme voulue par le Président. » Après vingt minutes de paroles guerrières, il ouvre le temps des questions, mais s'empresse de ne répondre à aucune, se tournant chaque fois vers moi.

— Alexandre, vous connaissez bien le dossier, vous pouvez expliquer ?

La suite prévoit la mise en place de groupes de travail thématiques, la mise à disposition d'un budget dédié et l'organisation de réunions interservices. Mais je connais la capacité de la technostructure à donner le change, à faire croire que l'on se mobilise tout en organisant en sous-main un enlisement magistral. Je sais aussi que les opposants à la réforme n'ont pas dit leur dernier mot.

36

Delacroix

« Le premier mérite d'un tableau est d'être une fête pour l'œil. » Les mots d'Eugène Delacroix me reviennent en tête, ce dimanche 8 avril, devant les cimaises du musée du Louvre. Impossible de passer devant les immenses toiles des *Massacres de Scio* ou de *La Liberté guidant le peuple* sans m'y arrêter un instant. Je n'ai pas le temps, je dois m'assurer que les galeries sont vides de tout visiteur.

Dans moins de trente minutes, Emmanuel Macron et son invité, le prince Mohammed ben Salmane, vont visiter l'exposition consacrée au peintre. Mais je m'arrête, happé par la force des images.

— Tout est clair ?

Le grésillement de ma radio me remet en route.

— Oui, c'est bon.

Le prince héritier d'Arabie saoudite et le président de la République peuvent pénétrer dans la grande pyramide de verre. Les lieux sont sécurisés.

Pour la suite, le protocole a organisé un dîner privé entre les deux hommes, dans la brasserie située au premier étage de l'aile est du musée. Je profite de leur tête-à-tête pour dîner, moi aussi, dans la salle du café, juste au-dessous. Les hommes du GSPR qui assurent la sécurité du Président et de son hôte y font des apparitions rapides, le temps de se restaurer par roulement, une partie de l'effectif restant mobilisée à l'étage.

Je me dirige vers la table du contrôleur général Laurent S., le chef d'état-major en charge de l'ordre public et de la circulation à la préfecture de Police. On se connaît depuis la campagne électorale. Il était mon interlocuteur lors de chaque événement dans la capitale. C'est un grand professionnel, très respecté par ses hommes et d'une compétence inégalée en ce qui concerne la sécurisation des grands événements. Chaque fois qu'il trouvait mes demandes inadaptées, il n'hésitait pas.

— Votre truc, c'est très bien, mais c'est Disneyland. On va faire autrement.

L'idée de la cour du Louvre, pour organiser le rassemblement au soir du second tour, c'est lui. Depuis, il est toujours présent sur les déplacements du Président dans la capitale. Il a le coup d'œil pour jauger une situation et la capacité de décision pour y faire face.

Je m'assois en face de lui et j'attaque mon casse-croûte sans traîner. Dans ce genre de circonstances, mieux vaut vider son assiette le plus vite possible.

On ne sait jamais à quel moment la fonction va se rappeler à votre bon souvenir sans aucune pitié pour votre système digestif. Alors, je me dépêche. Laurent S. me regarde en souriant, puis il me questionne.

— Alors, tu viens toujours, le 1er Mai ?

Quelques jours auparavant, lors d'une réunion de préparation, je lui avais raconté mes aventures guyanaises, en lui disant que j'aimerais bien en savoir plus sur les opérations de maintien de l'ordre. Il m'avait alors proposé de venir sur une manifestation, pour voir de l'intérieur comment cela se passe. « On le fait pour plein de gens, des magistrats, des journalistes », m'avait-il dit. « On les met en immersion dans une unité, en observateur. Comme ça, ils peuvent se rendre compte de la réalité des choses. »

— Bien sûr, je viens. Cela m'intéresse.

Laurent S. me rappelle que je dois informer ma hiérarchie et le cabinet du préfet de police. Ce que j'ai fait. J'ai le feu vert à tous les étages. Même le directeur de cabinet, Patrick Strzoda, a validé, oralement.

— Ça sera formateur, m'a-t-il dit.

37

1er Mai

Un officier de liaison à l'Élysée proche de Laurent S. sort de mon bureau. On est la veille de la manifestation et il m'a apporté un sac contenant une tenue bleue avec l'inscription « Police » dans le dos et sur la poitrine, un grade de capitaine, un casque, un brassard, une radio et un gros ceinturon en cuir.

Je laisse le sac dans mon bureau et je rentre à la maison.

Le matin du 1er Mai, pendant que les vendeurs de muguet installent leurs étals à tous les coins de rue, je passe au Palais récupérer le matériel. En fin de matinée, je suis à la préfecture de Police. Vincent Crase m'accompagne. Nous faisons connaissance avec notre accompagnateur, le major Mizerski, qui nous emmène dans sa voiture banalisée vers la place de la Bastille, point de départ prévu du cortège. Nous nous arrêtons dans une petite rue, puis nous cheminons à pied vers la manifestation. Autour de nous, des petits groupes de jeunes du type fils à papa, un peu bourgeois bohèmes. Quelques-uns ont des looks de festivaliers des techno parades, mais les visages restent jeunes, on dirait des filles et des garçons tout droit sortis de la fac de sciences ou de l'EHESS.

Nous croisons des groupes de gens qui n'ont rien de manifestants ordinaires. Habillés de noir, casqués, gantés, équipés de masques pour se protéger des gaz et ne pas être identifiés : les « black blocs », me dit le major.

Nous restons au contact d'une équipe de policiers, une vingtaine d'hommes en civil de la brigade d'intervention de la voie publique. Nous assistons à distance aux premières dégradations, en bas du boulevard de l'Hôpital. J'écoute le major qui transmet ses observations à la salle de commandement.

Les policiers à mes côtés me montrent trois types qui font des allers-retours entre l'autre côté du pont et nous. Ils se dirigent vers nous et prennent des photos. On m'explique que ce sont les leaders. Ils ont la quarantaine, barbe de trois jours, habillés en jeans baskets avec des T-shirts sombres. Une des policières parvient à s'approcher et les entend parler… en allemand. Ils regardent les positions des forces de l'ordre.

Une vingtaine de minutes après, les premiers roulements de tambour résonnent, un groupe de dix personnes habillées en clowns fanfaronnent devant nous et se rassemblent. Les policiers m'expliquent qu'il faut qu'on prenne du champ et qu'on doit rester groupés, car les tambours plus les clowns, c'est le signe annonciateur du début de formation du black bloc.

En quelques minutes, entre le pont d'Austerlitz et la place Valhubert, les fumigènes sont lancés, des centaines de personnes lambda se retrouvent masquées derrière la fumée, puis des petits groupes épars se rassemblent.

Une grande banderole en dur est montée avec des plaques en métal et des poutres en bois. Elle permet aux individus de se regrouper derrière tout en se protégeant. Quand la fumée retombe, ils sont un millier derrière. On entend des bruits de pioches. Ils commencent à desceller les pavés. J'ai du mal à croire que les frêles personnes que j'avais aperçues quelques minutes avant se soient transformées en une horde noire aussi bruyante qu'impressionnante.

À cet instant, je dispose d'une radio, mais je n'ai pas encore de brassard. J'entends les policiers de la Brigade d'information de la voie publique (BIVP) donner des informations à la salle de commandement sur ce qu'ils voient à quinze mètres devant eux. La salle échange et voit sur les caméras ce qui est en train de se dérouler.

Le dispositif mis en place par la Direction de l'ordre public et de la circulation (DOPC) et par le contrôleur général Laurent S. (un des meilleurs de la préfecture de Police) permet pour la première fois d'identifier tous les black blocs en mettant en place un « encagement » qui consiste à ne pas aller au contact, tout en ne leur laissant aucune échappatoire.

Dans un *no man's land*, avec le millier de troubadours en noir, il n'y a plus qu'à fermer le pont derrière les manifestants et faire descendre les compagnies de CRS qui sont stationnées en amont du boulevard de l'Hôpital, et la souricière sera fermée…

Mille prisonniers à faire sortir un par un, les mains en l'air ; l'occasion de saisir les armes et surtout de relever les identités de chacun.

On aurait pu voir le visage de ceux qui se dissimulent derrière des cagoules et des vêtements noirs pour le plaisir de casser et leur donner un nom.

J'entends à la radio le contrôleur général Laurent S., il attend la confirmation de l'ancien préfet de police. Celle-ci ne vient pas. C'est une question de minutes avant que les exactions ne commencent et la décision n'est toujours pas prise. Trop tard, c'est parti, le black bloc charge. Un des policiers présents m'attrape par le bras et me fait signe de le suivre, nous remontons en courant le boulevard de l'Hôpital.

Ces policiers de la BIVP n'ont pas oublié leurs collègues qui ont été attaqués à coups de marteaux sur la tête par des hordes de quarante ou cinquante personnes déchaînées. Ces mêmes personnes qui ne leur laisseraient aucune chance s'ils les attrapaient.

Je continue à courir derrière le policier tout en étant subjugué par le triste spectacle qui s'étale derrière moi. Entre-temps, la salle de commandement donne l'ordre aux CRS de descendre le boulevard de l'Hôpital en direction de la place de la Bastille.

En remontant le boulevard, j'aperçois une ligne de CRS face à nous. Deux camions équipés de canons à eau ouvrent le convoi des CRS. Je suis habillé en noir, les policiers qui m'accompagnent mettent leur brassard par mesure de précaution, car les CRS ne les connaissent pas et la charge dans un climat de grande confusion ne permet pas de faire la part des choses. Il y a un *no man's land* qui part du quai de la Rapée et va jusqu'au boulevard de l'Hôpital.

Vincent Crase et moi-même sommes à l'intérieur de cette zone, mêlés aux black blocs, aux journalistes et aux policiers en civil.

Alors qu'aucun ordre n'arrive, la déferlante de violence se met en action : saccage du McDonald's, incendies volontaires… Les engins de chantier situés à côté de l'hôpital ne sont pas épargnés, de même que les magasins et la concession de voitures électriques. La fumée, les cris, les bruits de bris de vitres et les sirènes des canons à eau qui tentent d'éteindre les incendies feront la une des médias pendant trois jours.

L'étau se resserre autour du black bloc, les CRS avancent, les agitateurs n'ont pas d'échappatoire. Je continue à progresser avec les policiers en civil, avec maintenant le brassard au bras et la radio à portée d'oreille pour suivre en direct ce qui se passe autour de moi.

J'entends les ordres donnés et les manœuvres sur le terrain. Je suis au cœur de l'action, toujours avec Vincent. On ne lâche pas les policiers, on slalome entre les cars de CRS (ce qui me vaudra cette fameuse photo, avec le brassard au bras et le talkie-walkie à l'oreille).

Plus bas c'est le chaos, les fumigènes des black blocs se mélangent à ceux des CRS. Quand ils comprennent qu'ils sont encerclés, certains membres des black blocs commencent à enjamber les grilles du Jardin des Plantes pendant que ceux qui sont sur la place envoient de manière continue des pavés et des projectiles qu'ils ont pris avec eux. C'est un véritable carnage ! À ce moment-là, je n'ai pas de casque. Je me protège comme je peux en me mettant derrière les CRS avec Vincent. Les policiers en civil n'ont d'autre choix pour certains que de mettre leur casque de moto en guise de protection.

Le préfet de police demande de desserrer l'étau. Ce qui permet aux hurluberlus rencontrés plus tôt, aux airs d'étudiants, de festivaliers ou encore de zadistes, de laisser à même le sol leurs survêtements noirs achetés pour quelques euros dans les magasins de sport avant de reprendre la route sans aucune gêne.

Je demande alors aux policiers qui se trouvent à mes côtés :

— Pourquoi repartent-ils tranquillement, sans être inquiétés de ce qu'ils viennent de faire ? Une voie du quai leur a même été ouverte !

Ils me répondent que le préfet de police n'a pas voulu prendre de risque à cause de la proximité de la Seine. Il a eu peur, oui, peur, que certains black blocs sautent à l'eau. S'ils avaient maintenu l'encagement, ils seraient sortis un par un à l'endroit qui leur aurait été indiqué. La police aurait alors pu les appréhender, relever leurs identités et procéder à leur fichage.

À un moment, je vois un type qui court en direction des CRS, s'arrête, lance un projectile et porte un violent coup de pied chassé dans le dos d'un policier. Le CRS s'écroule, face contre terre, tandis que son agresseur repart à toutes jambes, droit sur nous. Il échappe à l'interception d'un, deux, puis trois policiers, en zigzaguant dans la foule. Il finit par être arrêté et transféré vers un fourgon pour être emmené au commissariat le plus proche.

D'après les messages radio, des groupes se rassemblent du côté de la place de la Contrescarpe. Nous filons récupérer la voiture pour nous rapprocher. Le major se gare près de la caserne de gendarmerie de la rue Monge. Cette fois, je prends le casque dans le coffre. On ne sait jamais. Puis nous montons par les petites rues du quartier jusqu'à la

Contrescarpe. Il y a beaucoup de monde sur la place, les CRS tentent d'évacuer les manifestants. Le major décide alors d'aller voir du côté de Jussieu, un peu plus bas, vers la faculté des sciences. Nous y faisons un saut, le temps de constater qu'il ne s'y passe pas grand-chose. En revanche, la radio annonce un nouveau regroupement à la Contrescarpe. Nous remontons au pas de course.

Cette fois, l'ambiance est nettement plus tendue. Bouteilles, verres, cendriers, tout ce qui traîne sur les tables des cafés de la place et qui peut servir de projectile vole en direction des CRS. Un couple est particulièrement vindicatif. L'homme et la femme tentent de lancer une table de bistrot mais elle est trop lourde, ils renoncent. La femme s'empare alors d'une chaise et la jette vers les policiers, puis les deux envoient des bouteilles dont l'une éclate sur le casque d'un CRS. Je participe à l'appréhension de ces deux individus. Je suis un citoyen ordinaire. Même si je travaille à la présidence de la République, je ne bénéficie d'aucun statut d'exception, et la loi, l'article 73 du Code de procédure pénale, précise qu'il est de mon devoir d'appréhender les auteurs d'un délit flagrant. Alors, je les aide.

38

Suspension

Au soir de cette journée mouvementée, je passe par la salle de commandement de la préfecture de Police, avec le major.

Le ministre de l'Intérieur, Gérard Collomb, est là. Je le salue et lui glisse quelques mots sur cette journée, sans évoquer d'incident précis. Je veux juste lui dire combien je suis impressionné par la difficulté du travail de maintien de l'ordre face à des manifestants ultraviolents.

Après le départ du ministre, je bavarde avec Laurent S., lorsque deux opérateurs chargés de suivre les réseaux sociaux en temps réel font signe au major, qui est à côté de moi.

— Je crois qu'il y a un problème, me dit-il.

Sur l'écran des opérateurs s'affiche une séquence vidéo titrée « Halte aux violences policières » sur laquelle on me voit distinctement aux prises avec le couple de la Contrescarpe.

Dans la soirée, je retrouve Vincent Crase. J'envoie un message à Alexis Kohler, pour l'avertir, et je rédige un long message au président de la République, alors en déplacement en Australie et en Nouvelle-Calédonie. Par loyauté, je tiens à ce qu'il apprenne par moi ce qui vient de se passer.

« Monsieur le Président, hier après-midi, j'ai été invité par la préfecture de Police à observer de l'intérieur la manifestation du 1er Mai, j'ai donc été équipé d'un casque, intégré à une équipe de policiers en civil et accompagné par un major de police.

En fin d'après-midi, nous nous sommes retrouvés place de la Contrescarpe, où la situation a plus que dégénéré, je ne me suis alors pas cantonné à mon rôle d'observateur et ai porté assistance aux policiers présents qui essayaient d'interpeller deux personnes ayant jeté des projectiles et violenté les policiers en civil. La scène, assez violente, a été filmée et, même si l'on ne m'identifie pas très nettement, je suis reconnaissable. Cette vidéo tourne actuellement sur les réseaux sociaux. Alexandre. »

Le lendemain matin, Strzoda m'appelle. Il n'est même pas 7 heures, les équipes du ménage s'activent dans le Palais encore endormi. J'entre dans son bureau. Je ne lis aucun sentiment particulier sur son visage. La force du haut fonctionnaire. Il a pourtant un motif de contrariété. L'Intérieur l'a sonné à l'aube pour l'alerter sur mon affaire de la veille. Je lui raconte ce qui s'est passé, les conditions de mes interventions, le cadre général. Il m'écoute, impassible, puis conclut l'entretien dans un soupir.

— Cette affaire va être compliquée à gérer. Je vous rappellerai dès que j'en saurai plus.

Ce qu'il fait, en fin de matinée, pour m'annoncer la sanction : quinze jours de suspension. Je ne comprends pas. Je déjeune avec un membre du cabinet, au courant lui aussi, à qui j'explique ma position.

— Je suis persuadé que ça va sortir dans la presse. Il faut prendre les devants et tout balancer.

— Mais non, il faut attendre, ça va passer.

— C'est une connerie. Vous devez me virer ou me décorer.

— Euh, tu veux dire quoi ?

— Soit vous faites un communiqué pour dire que je suis viré, et c'est terminé. Soit vous saluez l'engagement d'un membre du cabinet ayant le statut d'observateur dans les rangs de la police qui est intervenu pour maîtriser deux délinquants violents. L'opinion peut l'admettre, après les images du black bloc détruisant les commerces sur le boulevard Saint-Marcel. Mais attendre sans rien faire, c'est une grave erreur.

— Écoute, de ce que je sais, je crois que la décision qui va être prise, c'est de te suspendre quelques jours.

Je revois ce collègue le lendemain avec les mêmes arguments. Je suis prêt à remettre ma démission. Mais rien à faire. Les stratèges du cabinet veulent jouer la montre, estimant que chaque jour qui passe sans que la pseudo-affaire ne s'ébruite est un jour de gagné. Quelle erreur ! Au lieu de ça, on me colle une sanction, donc on accrédite la faute, en oubliant la retenue sur salaire.

Suspendu, j'en profite pour aller quelques jours en Bretagne avec Myriam, ma compagne. Je suis sur la route lorsque mon portable sonne. Je m'arrête sur le bas-côté. C'est Alexis Kohler, qui tient à m'expliquer la décision qui a été prise. Nous échangeons pendant vingt minutes.

À mon retour au Palais, le 22 juin, je croise le Président, le visage fermé.

Il me dit que ça va être compliqué si ça sort, mais qu'il assurera.

À la maison, Myriam s'active pour préparer le déménagement. J'ai obtenu un trois pièces « pour nécessité de service » dans l'immeuble du quai Branly où sont logés nombre d'employés de l'Élysée. L'endroit est devenu célèbre pour avoir abrité Mazarine Pingeot, la fille cachée de François Mitterrand, et sa maman, dans les années 1980. Mais cela permet de se rendre au Palais en quelques minutes en cas d'appel urgent, comme c'est souvent le cas quand vous travaillez à la chefferie de cabinet.

J'ai les clés le 6 juillet. Les cartons sont presque prêts et Myriam s'impatiente. Elle aimerait bien que le déménagement soit terminé avant le 21, date prévue pour notre mariage à la mairie d'Issy-les-Moulineaux. Pourtant, je fais traîner tant que je peux. Mon instinct me dit que nous n'irons pas quai Branly.

À l'Élysée aussi, je perçois le changement à mon égard. Ça sent la fin. J'ai même pris discrètement les devants. J'ai déposé une demande de carte professionnelle au CNAPS, le Conseil national des activités privées de sécurité, afin de pouvoir monter ma propre entreprise, le cas échéant.

En attendant, j'enchaîne les missions, dont l'une des plus sympathiques : l'accueil de l'équipe de France de football qui vient de remporter la Coupe du monde.

Ce sera la dernière pour moi. Mais je ne le sais pas encore.

39

Les Bleus

Le 15 juillet 2018, l'équipe de France de football remporte la Coupe du monde en battant les Croates par quatre buts à deux.

Il faut préparer l'arrivée des joueurs et leur triomphe sur les Champs-Élysées.

Les réflexions ont commencé le 7 juillet, au lendemain du match victorieux contre l'Uruguay en quart de finale. La Fédération française de football, maître d'œuvre dans cette affaire, nous avait présenté quelques idées lors des réunions préparatoires. Avait ainsi été évoquée une possible présentation des joueurs et du trophée depuis les balcons de l'hôtel Crillon, place de la Concorde.

Cette option avait fait tiquer les gens de la préfecture de Police, qui la trouvaient trop statique. Laisser la foule se concentrer sous les fenêtres de l'hôtel pendant des heures présentait à leurs yeux des risques d'incidents et de débordements.

En revanche, tout le monde avait validé la descente des Champs-Élysées, passage obligé depuis le mémorable précédent de 1998. Pourtant, Didier Deschamps, le sélectionneur des Bleus, avait fait savoir depuis la lointaine Russie qu'il gardait un souvenir atroce de ce moment. Avec ses coéquipiers de l'époque, ils étaient restés près de quatre heures dans leur bus à impériale bloqué par la foule.

Le contrôleur général Laurent S. a donc proposé un dispositif similaire à celui utilisé lors des obsèques de Johnny Hallyday, avec une partie de la chaussée réservée au passage du bus et totalement protégée des spectateurs. Le reste du programme comprenait une réception à l'Élysée puis un convoyage rapide des joueurs vers l'hôtel Crillon pour récupérer leurs bagages et retrouver leurs familles avant que chacun ne regagne ses pénates.

Sur le papier, tout est clair. Dans la pratique, cela va se révéler plus compliqué. Cela commence sur le tarmac de l'aéroport, à Roissy. L'avion est à peine à son point de stationnement que la piste est envahie par des centaines de personnes. Employés de l'aéroport, personnels des compagnies aériennes, journalistes, tout le monde a sauté les barrières pour se précipiter au pied de la passerelle. Les policiers filment avec leurs portables, les douaniers font des selfies devant l'Airbus ; dans cette pagaille absolue, tout le monde a oublié sa mission.

J'avise un commandant de gendarmerie, pris lui aussi dans la mêlée, et je lui demande de faire dégager le tapis rouge. J'ai sans doute pris un ton un peu vif en raison de la tournure des événements et, surtout, j'ai oublié de me présenter. Le gradé me prend alors de haut et m'envoie paître proprement. Heureusement, un responsable de la préfecture de Police passe par là. Je le connais bien. Il appuie ma demande avec toute son autorité de préfet. En quelques minutes, le passage est libéré. Les joueurs peuvent descendre.

Ils sont conduits immédiatement dans un hall qui a été spécialement sécurisé afin qu'ils puissent se changer et revêtir les costumes fournis par un sponsor. L'endroit n'est accessible qu'au moyen de badges magnétiques spéciaux et donc hors de portée de la foule. C'est en tout cas ce que je crois. J'ai juste oublié que, dans un aéroport, les titulaires de ce genre de badges se comptent par centaines. Les joueurs sont à peine installés dans le hall que les portes sécurisées s'ouvrent à toute volée, laissant passer deux cents fanatiques qui s'accrochent aux joueurs, arrachent les casquettes et tentent d'attraper tout ce qui peut servir de souvenir. C'est la curée. Le tout sous le regard d'un patron de la police aux frontières, téléphone portable à bout de bras, en train d'immortaliser la scène.

Je pousse un bon coup de gueule pour rameuter les uniformes, et nous réussissons à isoler les joueurs dans une pièce à part. Sauf qu'ils ne veulent pas en sortir.

— Pas question de retourner dans la jungle, on va se faire déchirer, m'explique un membre de l'équipe.

Les gars sont épuisés, impatients de retrouver leurs proches. Ils méritent quand même un peu d'attention. Je fais intervenir les CRS et les gendarmes pour dégager un passage jusqu'au bus, on embarque tout le monde et en route.

Le convoi emprunte l'autoroute A1, direction Paris, au milieu d'une véritable pagaille. Les automobilistes sont arrêtés sur la voie d'en face, la plupart sont même sortis de leurs voitures pour applaudir. Derrière nous, des centaines de deux-roues tentent de venir à la hauteur du bus pour voir les joueurs, au prix de manœuvres périlleuses et totalement dingues. Tous les ponts enjambant l'autoroute sont noirs de monde. De la folie.

Assis à l'avant, près du chauffeur, j'annonce notre progression à Patrick Strzoda, qui assure la coordination de l'opération. Arrivés à l'Arc de triomphe, nous passons dans le bus à impériale, les joueurs montent à l'étage, la partie découverte, et nous entamons la descente. Le chauffeur appuie un peu fort sur l'accélérateur. À plusieurs reprises, je lui demande de ralentir. Il relâche un peu la pression, puis remet les gaz dès qu'il peut. Ce gars doit avoir rendez-vous chez le dentiste et il a peur d'être en retard.

Ce passage éclair laisse derrière lui des supporters frustrés et nous oblige à attendre, arrêtés à l'angle de l'avenue Matignon et de la rue du Faubourg-Saint-Honoré. Nous sommes en avance sur l'horaire prévu et le Président est toujours en rendez-vous. Enfin, après plus de dix minutes, je donne le top départ, direction l'Élysée.

La réception bat son plein dans le salon doré, lorsqu'un responsable de la Fédération française de football s'approche de moi.

— Alexandre, on a un problème.

— Oui ?

— Voilà, les joueurs devaient aller au Crillon pour retrouver leurs familles, récupérer les bagages et manger un morceau avant de partir. Mais on n'a pas réservé tout l'hôtel…

— Comment c'est possible ?

— Je ne sais pas. Tout le monde était en Russie, tu sais. On a dû filer ça à un stagiaire qui a merdé. Tu as une solution ?

Non, mais mon boulot, c'est aussi de les inventer. Dans la minute, j'appelle le général Bio-Farina pour lui demander d'ouvrir l'hôtel de Marigny, qui est juste à côté et sert à héberger les hôtes étrangers de la France. Par chance, il est vide. Puis j'alerte le chef Gomez, aux cuisines.

— Chef, j'ai deux cents personnes à nourrir vite fait. Possible ?

— On te prépare deux cents plateaux. Dans une heure trente, ça va ?

— Formidable. Tu envoies ça à Marigny, c'est pour les Bleus et leurs familles.

— Ça marche.

Avant de raccrocher, je l'entends qui mobilise la brigade de sa voix forte, immédiatement suivie du bruit des casseroles que l'on décroche. Ils sont sur le pont. Personne ne repartira le ventre vide. Enfin, je localise le camion qui transporte les bagages pour le détourner de son objectif initial et le rerouter vers Marigny.

La réception élyséenne terminée, les joueurs n'ont que quelques dizaines de mètres à parcourir pour se retrouver enfin au calme, en compagnie de leurs familles. Ils passent un moment tranquille, se restaurent, retrouvent sacs et valises. Puis c'est l'heure de la séparation. Les services du Palais ont fait merveille en réservant des dizaines de taxis qui emportent les héros du jour vers un repos bien mérité.

Et puis, il y a le trophée. Il est passé de main en main tout au long de la réception. Maintenant, il est posé sur le bureau du chef de l'État, qui a les yeux brillants de bonheur. Le chef de la sécurité de la FFF, épuisé, m'a demandé s'il pouvait nous confier l'objet. Il ne se sentait pas de le convoyer en pleine nuit et dans son état de fatigue avancé. Tu parles d'une corvée ! C'est plutôt un cadeau inespéré.

Après quelques photos souvenirs, la coupe est placée dans la chambre forte du Palais, en attendant que son légitime propriétaire, la FFF, la réclame. Ce qui sera fait, avec un transfert sous bonne escorte.

40

« La Contrescarpe, ça vous dit quelque chose ? »

La fin de la récréation sonne le 18 juillet, en fin de matinée. Je réponds à un appel sur mon portable.

— Monsieur Benalla ? Bonjour, c'est Ariane Chemin, du *Monde*. La Contrescarpe, ça vous dit quelque chose ?

Cette fois, on y est. Je m'empresse de renvoyer ma correspondante vers le service communication de l'Élysée et je donne l'alerte générale. Je suis convoqué à une brève entrevue avec Strzoda et Emelien, qui me confirment que je suis mis sur la touche.

Deux heures plus tard, l'article est en ligne sur le site du *Monde*. Dans la foulée, BFM envoie les premières images. Sur toutes les télévisions du Palais, mon nom s'inscrit en grosses lettres blanches sur fond bleu. Les voitures de reportage sont déjà au pied de mon immeuble, les paraboles satellites sont déployées, les caméras braquées sur l'entrée et sur mes fenêtres. Les journalistes sont dans le couloir, à ma porte, pendus à la sonnette. Myriam m'appelle, terrorisée.

Je vais voir Patrick Strzoda pour lui expliquer. Il décroche son téléphone, appelle le préfet des Hauts-de-Seine. Dans le quart d'heure, un équipage de police intervient pour dégager les accès. Rapide, efficace et silencieux.

De mon côté, je cherche une solution pour Myriam et Lino, mon fils âgé de seulement six semaines. Je dois les mettre à l'abri de la tempête qui s'annonce. Je demande à deux copains d'aller les chercher. Ils passeront par les parkings, en sous-sol, afin de n'être vus ni en entrant ni en sortant.

L'opération se passe sans encombre. Myriam avait préparé deux valises avec des affaires, la baignoire du petit et un paquet de couches, que les copains ont chargé dans le van avant d'exfiltrer la petite famille vers l'appartement d'une amie, dans le XVIe arrondissement. Mais je ne suis pas tranquille. Les fenêtres de mon appartement inoccupé s'affichent en gros plan sur les écrans de télé. Pas bien difficile de localiser l'endroit, une aubaine pour un voleur à l'affût. Or, il y a dans l'appartement un élément sensible, un coffre-fort dans lequel je garde mes trois pistolets Glock et un fusil à pompe.

Pour éviter un vol, je demande à des amis de mettre le coffre en sécurité. Je ne sais pas encore à ce moment qu'une enquête préliminaire va être ouverte aussi rapidement, que je serai convoqué au 36, placé en garde à vue, et encore moins qu'il y aura quatre perquisitions dans la foulée (Issy-les-Moulineaux, quai Branly, Élysée et voiture de service).

Les armes ne resteront pas longtemps avenue Victor-Hugo. Dès le lundi suivant ma mise en examen, j'ai déposé les trois pistolets et le fusil au greffe du tribunal de grande instance de Paris, conformément à l'engagement que j'avais pris devant la juge. Le coffre-fort, vide et devenu inutile, restera de longues semaines, porte grande ouverte, dans l'entrée. Plus tard, lorsqu'il nous faudra libérer les lieux, je donnerai le coffre à un copain qui l'utilise depuis pour son propre usage.

Cette folle journée n'en finit pas. Vers 22 heures, je reçois un coup de téléphone de Laurent S. Il me dit avoir récupéré une vidéo, dont il ignore l'origine, des incidents de la Contrescarpe sur laquelle on verrait clairement un homme, celui que l'on me reproche d'avoir « agressé », en train de jeter des bouteilles sur les CRS. Il me demande :

— Est-ce que ça t'intéresse ?

Ces images peuvent aider à expliquer ma réaction. Alors je lui réponds que oui, bien sûr, montrer que ces gens ne sont pas des « manifestants » mais des casseurs me semble judicieux. Laurent S. m'interroge.

— Tu es où ?

— Dans un café, pas loin du Palais.

— Je te les fais porter.

Un peu plus tard dans la soirée, nouvel appel. Cette fois, c'est l'officier qui m'avait apporté le sac pour la manifestation du 1er Mai.

— Bonsoir Alexandre. Tu es où ?

— Au Damas Café.

— OK, j'arrive.

Il est environ 22 h 30, je suis avec Vincent Crase, quand l'officier se présente et me remet un CD-Rom dans une boîte en plastique transparent, sans aucune mention. Ce CD, je le donne le lendemain matin, sans l'avoir visionné, à Ismaël Emelien. Pour moi, il s'agit forcément d'images provenant des réseaux sociaux. Dans la foulée, j'avise le directeur de cabinet du Président, Patrick Strzoda, de la remise du CD à Emelien.

Le 19, Laurent S. et l'officier m'appellent. Les deux hommes sont visiblement très gênés.

— Alexandre, c'est urgent, on doit récupérer le CD. Nous n'avons pas le droit de te le donner. Les images proviennent de la vidéosurveillance de la préfecture.

Je ne peux que leur répondre que je suis désolé, mais je ne l'ai plus.

Vers 13 heures, un faux compte Twitter se faisant passer pour celui d'En Marche met en ligne les images. L'horloge du compte indique 5 heures du matin, ce qui va déclencher une polémique sur le moment exact de l'apparition des images sur les écrans. En fait, l'heure indiquée était celle de la côte Ouest des États-Unis, où se trouve le siège de Twitter. Ce qui correspond bien au début d'après-midi à Paris.

À 15 heures, nouvel appel. Strzoda, très énervé, me fait la même remarque à propos du fameux CD.

— C'est interdit, Alexandre. Vous comprenez ? Interdit d'utiliser ces images.

Je comprends, mais le CD est dans le bureau à côté du sien. Je n'y peux plus rien. En fait, c'est un jeune commissaire de police affecté à la Direction de l'ordre public et de la circulation et responsable de la cellule « synapse » de veille sur les réseaux sociaux qui s'est rendu compte de la boulette. Il a aussitôt averti son supérieur hiérarchique, lequel a prévenu le préfet, qui a sonné Strzoda.

— Je vais appeler le procureur, me dit Strzoda à la fin de la conversation.

La journée du 19 avance et je suis de plus en plus inquiet. La vidéo de mon altercation avec le couple de la Contrescarpe tourne en boucle sur les chaînes d'information en continu et sur Internet. La presse est abondamment nourrie de pseudo-révélations. D'abord, ce sont les photos de la voiture de fonction qui m'est attribuée, une Renault Talisman, qui s'étalent sur les écrans de BFM. Les clichés ont été pris – par qui, mystère – dans mon parking privé. La presse est horrifiée par les équipements « Police » du véhicule, feux clignotants et gyrophare. Il se trouve que j'ai parfois des missions urgentes relevant de la présidence de la République à accomplir. Bon nombre de responsables de grands organismes en ont sans doute beaucoup moins besoin que moi. Pourtant, ils en ont, sans que personne y trouve à redire. Il est vrai que chercher des poux dans la tête du patron du CSA, le Conseil supérieur de l'audiovisuel, est sans doute plus risqué. Alors on oublie ses deux voitures de fonction avec gyrophare et sirène deux tons. Mais j'ai beau chercher, je ne vois pas à quelles urgences télévisuelles il s'agit de répondre.

Autre révélation, le trois pièces de 80 mètres carrés qui m'a été alloué quai Branly, et que je n'occupe pas, est devenu un 300 mètres carrés, mon salaire de 6 000 euros mensuels fait un bond et s'affiche à 10 000 euros sur le site du *Parisien.* La liste des prébendes et avantages qui me seraient octroyés, indûment s'entend, ne cesse de s'allonger. Des mains aussi anonymes qu'efficaces, les fameuses « sources sacrées » des journalistes, sont à la manœuvre et fournissent les munitions. À cette vitesse-là, ce n'est pas de l'improvisation. Cela ressemble plutôt à un déstockage massif.

Après deux jours de ce régime et la garde à vue qui se profile, l'Élysée coupe le cordon. Il était temps. J'avais proposé ma démission dès le 2 mai, afin d'éviter toute utilisation malintentionnée des événements. En vain.

Le 20 juillet, je suis licencié. Mais il est trop tard. Le feu a pris et personne ne va pouvoir contenir l'incendie.

La mesure est justifiée par des faits nouveaux, selon la présidence.

— Aux fins de prouver son innocence, M. Benalla aurait été destinataire d'un document de la préfecture de Police qu'il n'était pas autorisé à détenir.

En revanche, aucune allusion aux incidents de la Contrescarpe. De plus, j'ai déjà fait l'objet d'une sanction, avec la fameuse suspension de quinze jours. On me reproche d'avoir récupéré des images de vidéosurveillance, que je pensais être des images tirées par la cellule synapse des réseaux sociaux.

Les personnes qui me les ont remises m'ont dit que l'on y voit les deux « manifestants pacifiques » que je vais appréhender en train de lancer des projectiles sur les policiers. Les deux casseurs ont d'ailleurs été condamnés le 8 février 2019 par le tribunal correctionnel de Paris à 500 euros d'amende chacun pour violences envers des policiers.

La presse se déchaîne. Je suis « Rambo », j'hérite d'un chauffeur, le badge d'accès à la salle de sports de l'Assemblée nationale est devenu un « puissant sésame ».

Pendant ce temps, réfugié avec ma compagne et mon fils chez une amie, je remplis mon dossier d'inscription à Pôle emploi et je réponds à la convocation de la Brigade de répression de la délinquance aux personnes (BRDP).

41

Inaudible

J'ai tenté de m'expliquer. Des « amis » ont joué les intermédiaires pour me mettre en contact avec leurs relations dans le monde des médias. Je croyais que l'on pourrait faire cesser le déferlement de mensonges et d'insinuations. C'était parfois tellement grotesque que j'avais du mal à me sentir concerné. Mais tout cela avait installé une petite musique détestable, sur fond d'images vidéo soigneusement choisies. J'étais devenu le personnage que l'on allait aimer haïr.

Pour tenter de stopper la vague, Marc Francelet a suggéré une interview dans *Le Monde*, afin que je puisse donner ma version des faits. J'ai accepté. La rencontre avec les journalistes a lieu chez Francelet, dans un superbe appartement de 400 mètres carrés au dernier étage d'un bel immeuble, dans le XVIe arrondissement.

À mon arrivée, Francelet m'accueille avec un grand sourire et m'installe dans l'un des deux grands salons remplis d'œuvres d'art. Le type est drôle, avec sa gouaille de titi parisien des beaux quartiers et son bagout de camelot. Il me montre des photos – lui avec Johnny, lui avec Sagan, lui... –, m'explique qu'il connaît tout ce qui compte à Paris.

La preuve, quelques instant plus tard, lorsque l'on sonne à la porte. Francelet embrasse Gérard Davet, serre la main des deux autres, Fabrice Lhomme et François Krug. Nous nous installons, les journalistes posent leurs magnétophones – chacun le sien – sur la table basse. Francelet annonce qu'il va chercher des pizzas. C'est parti pour deux heures et trente minutes d'entretien. Les questions sont directes, mes réponses aussi. Le ton est professionnel, sans affect. Du bon boulot. L'entretien terminé, Mimi Marchand arrive, quelques minutes après le photographe, pour le cliché qui doit accompagner l'article.

La parution, le 26 juillet, ne semble pas avoir eu beaucoup d'impact dans l'opinion.

Le lendemain, je tente une autre voie pour me faire entendre : la télévision. Grâce à l'entremise de maître Liénard, mon avocat, j'ai rencontré le responsable police-justice de TF1. Nous sommes tombés d'accord sur le principe d'un entretien pour le journal télévisé de 20 heures, le 27 juillet. La séquence doit être enregistrée le matin.

Je suis stressé. La veille, j'ai pris soin de me coucher tôt. Le matin, je fais un saut à mon appartement d'Issy-les-Moulineaux pour partager le petit déjeuner avec ma mère, qui supervise la fin de notre déménagement. J'avais résilié le bail, puisque nous devions aller quai Branly, et il faut libérer les lieux.

Meubles et cartons vont prendre la route de la Normandie, chez ma mère, en attendant des jours plus calmes. Puis je traverse la Seine sur mon scooter pour rejoindre l'immeuble de TF1 à Boulogne.

Je me retrouve au maquillage, dans la petite salle où j'ai si souvent accompagné Martine Aubry, François Hollande et Emmanuel Macron. Sauf que cette fois, c'est moi qui suis sur le fauteuil, devant le miroir.

L'entretien est un peu rugueux avec la journaliste, mais je peux donner ma version des faits. À l'époque, on ne parle d'ailleurs que des supposées « violences » de la Contrescarpe. Je maintiens avoir agi en conscience, conformément à la loi et avec les gestes nécessaires pour maîtriser des gens violents. Surtout, je répète que l'Élysée n'a rien à voir avec tout ça et qu'il s'agit d'un acte individuel. La seule concession que je veux bien admettre, c'est que j'ai pu commettre une faute politique.

Le troisième round médiatique se tient dans les colonnes du *Journal du dimanche*, le 28 juillet. Je me suis entretenu avec Hervé Gattegno, le directeur de la rédaction, pendant trois heures. J'ai répondu à toutes les questions, en essayant de remettre les choses à leur place. Les trois pages retranscrivant mes propos sont publiées. Mais ni *Le Monde*, ni TF1, ni le *JDD* ne m'ont permis de redresser une image forgée de toutes pièces pour m'atteindre, mais surtout pour atteindre le président de la République.

42

Marrakech

Fin juillet 2018, l'offensive médiatico-judiciaire bat son plein. Journaux, télévisions et radios font leurs choux gras de ce qui est devenu « l'affaire Benalla », le feuilleton de l'été.

Ma vie quotidienne est devenue très compliquée. Dehors, les hordes de photographes de tout poil guettent la moindre de mes sorties. Dedans, j'évite radio et télévision, avec leur lot de pseudo-révélations. Il est grand temps de prendre le large. C'est justement ce que me propose Vincent Miclet, un homme d'affaires que j'ai rencontré quelques mois plus tôt, lorsque j'étais encore en poste à l'Élysée.

Vincent Miclet, la cinquantaine, a grandi en Afrique. Fils de diplomate, il a fait sa scolarité au Congo, puis s'est lancé tout seul dans le commerce, en commençant par vendre des tomates en conserve, puis des vêtements, avant d'ouvrir des supermarchés en Angola. Il a gagné beaucoup d'argent, ce qui, pour les Français, est toujours suspect. Il est aujourd'hui à la tête d'une importante société pétrolière et possède une somptueuse propriété à Marrakech, au Maroc.

— Alexandre, mon avion est au Bourget, on décolle demain avec mon ex-femme et mon fils. Vient donc passer quelques jours avec nous pour te reposer. J'imagine que tu en as besoin.

La proposition me touche. D'autant que je ne le connais pas vraiment. C'est un bon copain qui m'a parlé de lui pour la première fois, un soir.

— Alex, j'ai un ami qui bosse en Libye et qui a des informations sensibles sur ce qui s'y passe. Il ne connaît personne à qui en parler. Tu pourrais lui trouver un bon contact ?

Sur le moment, je suis un peu embarrassé. J'explique à mon correspondant que ce n'est pas ma partie, qu'il devrait plutôt s'adresser à la cellule diplomatique de l'Élysée, voire à l'état-major particulier.

— Non, c'est trop compliqué, il veut donner des infos et ne demande rien en retour. Mais il n'a pas les réseaux pour taper à la bonne porte. Faudrait que tu l'aides.

Je reste évasif et nous en restons là.

Sauf que, quinze jours plus tard, le copain me rappelle. Je suis au bureau, en train de finir je ne sais quelle tâche de routine. Il est 22 heures.

— Alex, il est là.

— Qui ça ?

— Le type dont je t'ai parlé. Mon pote qui a des infos.

— Ah oui. Bon, il peut passer quand ?

— Il est là dans vingt minutes. Je te donne son identité.

Pris un peu de court, je préviens l'accueil du Palais de l'arrivée surprise de mon hôte. Je le reçois dans un bureau. Très chic, d'un abord sympathique, la poignée de main franche, il se présente : « Vincent Miclet, merci de me recevoir. » Puis il entre dans le vif du sujet sans attendre. Je sens l'habitude du type qui va droit au but.

— Je n'ai besoin de rien, je tiens à vous le préciser d'entrée. Je veux seulement faire remonter des informations importantes recueillies dans les pays où je travaille.

Je ne peux que lui promettre de transmettre sa proposition et de le tenir informé. Nous bavardons quelques instants encore, puis il prend congé.

Je tiens parole. Je le mets en contact direct avec un conseiller, très intéressé. Les deux hommes vont se voir à plusieurs reprises. De ce que j'en ai su, il aurait apporté des « éléments déterminants » dans la conduite des affaires françaises.

Je reste une dizaine de jours au Cheval d'or, la propriété de Miclet. Cinq hectares de jardins magnifiques autour de la demeure, des pavillons pour les amis et des dépendances. Piscine, lecture, sorties dans les restaurants… Chaque soir, comme un nouveau rituel, je rallume le portable, coupé toute la journée, pour consulter un peu abasourdi les centaines de messages et d'appels de journalistes, de politiques, d'entrepreneurs et de curieux qui, tous, veulent un rendez-vous.

Seule entorse au farniente et à la décompression, j'en profite pour ouvrir deux comptes en banque, avec l'idée de monter ma propre entreprise au Maroc.

43

Contrat ouzbek

Début août, je suis de retour à Paris, auprès de Myriam et du petit Lino, toujours hébergés chez une amie.

Chômeur et sans ressources, je dois rapidement trouver une activité professionnelle me permettant de subvenir aux besoins de ma famille.

J'avais l'intention de créer ma propre société dans le domaine de la sécurité mais, depuis la garde à vue, la carte professionnelle que j'avais obtenue, indispensable pour diriger des activités de sécurité privée, m'a été retirée. Sans compter qu'avec la publicité faite sur mon nom, inutile de rêver, en France rien ne sera possible pour moi. Dans la sécurité comme dans beaucoup d'autres domaines, les clients aiment la discrétion.

Pour me relancer, je tente de monter une affaire de « mise en relation ». L'idée est d'utiliser mon carnet d'adresses pour aider les contacts entre clients et fournisseurs, dans tous les domaines. C'est un peu vague, je l'admets, mais c'est ma seule idée.

Pour la tester, j'organise avec l'aide de Vincent Miclet – en fait, il assure l'essentiel – un week-end dans son château. Vincent affrète deux avions privés qui acheminent la quinzaine de participants sur place. J'ai invité des anciens ministres, un consultant suisse, des financiers, des politiques étrangers et des chefs d'entreprise. Ils ne se connaissent pas et se découvrent lors de la première soirée. Tout se passe bien, Vincent est ravi. Mais cette opération ne débouche sur rien. Je ne suis pas encore mûr pour jouer les intermédiaires de haut vol…

En revanche, je dois d'urgence trouver une solution pour aider une entreprise à reprendre un contrat avec un important homme d'affaires ouzbek. Petit retour en arrière.

Tout commence à la fin de l'année 2017, lorsque mon ami Jean-Louis Haguenauer, jeune homme de soixante-dix printemps, me donne rendez-vous. Industriel retiré des affaires, il a fait fortune dans les années 1970, s'est installé à Moscou avant la *perestroïka*, a monté des usines en Russie et aux États-Unis. Il fut l'un des artisans du rapprochement entre Bouygues et l'entreprise Ural Mining and Metallurgical Company (UMMC) dirigée par Iskander Makhmudov, un Ouzbek avec lequel il est resté en bonnes relations.

Jean-Louis a un réseau relationnel énorme sur presque tous les continents et voue une passion sans bornes à l'art. En 2009, il a créé la fondation

Montresso, à Marrakech, dotée d'une importante collection privée et associée à une résidence d'artistes baptisée « Le jardin rouge ». Avec Myriam, passionnée par les arts de la rue, nous y sommes souvent allés et j'ai ainsi fait connaissance avec ce collectionneur hors du commun. Depuis, nous nous voyons de temps en temps, Jean-Louis connaît mon parcours, mes activités et les échanges avec lui sont toujours amicaux. Aussi, lorsqu'il m'appelle, je me rends à son invitation avec plaisir. Et ce, en dehors de mes heures de travail à l'Élysée.

— Voilà, j'ai un bon ami qui emploie des gardes du corps pour sa femme et il n'en est pas du tout satisfait. Il trouve que les types ne sont pas bons et que leur façon de travailler est nulle. Il veut les virer. Tu ne connaîtrais pas des gens sérieux pour reprendre le contrat ?

— Il faut que je réfléchisse, tu sais qu'il est hors de question que je m'occupe de ça puisque je suis à l'Élysée, mais je peux te trouver quelqu'un. Laisse-moi un peu de temps.

Simple discussion amicale dans un cadre privé, autour d'un verre, sans aucun rapport avec mes fonctions à l'Élysée.

Quelques semaines plus tard, je mets en relation Vincent Crase et Jean-Louis Haguenauer. Comme je l'ai expliqué plus tôt, Vincent fut mon instructeur gendarme lors de ma formation dans la réserve opérationnelle à Évreux. J'ai partagé nombre de missions avec lui et je connais ses compétences. Après la campagne de Macron, il est resté dans le staff et s'est occupé de la sécurité du parti En Marche. Il supervise également les réservistes de la gendarmerie nationale qui viennent en mission d'appui à l'Élysée. Une mesure que j'avais proposée au général Bio-Farina et qui s'est révélée très efficace. Vincent s'est occupé du recrutement des volontaires et de la gestion du tableau de présence.

Vincent avait depuis longtemps le projet de monter sa propre société. Il s'est lancé en 2017, en déposant les statuts de Mars, une entreprise de conciergerie habilitée à fournir du personnel de maison comme des spécialistes de la protection rapprochée. Contractuel de droit privé à En Marche et volontaire de la réserve de la gendarmerie à l'Élysée, il n'est lié par aucune obligation d'exclusivité. Et, de toute façon, il attend d'avoir ses premiers clients pour abandonner ses autres activités.

Vincent s'appuie sur la société Velours, dirigée par Jean-Maurice Bernard. J'y ai travaillé, je connais bien le patron, la boîte a une envergure internationale et une réputation sans tache. Quoi de mieux ? Vincent et Jean-Maurice se connaissent depuis 2012. Lors d'une réunion amicale un soir au Damas Café, nous évoquons ensemble les noms de cinq très bons spécialistes des missions de sécurité, tous qualifiés et disponibles. Parmi eux, Yoann Petit, ancien des forces spéciales, qui a le profil d'un chef de groupe, et Chokri Wakrim, militaire en congé et compagnon de la cheffe de la sécurité de Matignon, Marie-Élodie Poitout. Ensuite, Vincent gèrera seul la négociation et la signature du contrat.

Je mets juste en relation deux amis, sans contrepartie, ni financière, ni de retour de service. Je n'ai d'ailleurs jamais rencontré Makhmudov ni sa famille.

Malheureusement, la tourmente judiciaire qui s'abat sur Vincent et moi le 18 juillet va tout mettre à bas. Effrayé par la tournure des événements, Jean-Maurice Bernard décide de stopper sa collaboration avec Mars au 30 septembre, à l'échéance des trois mois.

Pour faire bonne mesure, Vincent Crase est licencié d'En Marche fin juillet. Quant à son entreprise, c'est malheureusement fichu : dans le monde de la protection, on n'aime pas la publicité, et la mauvaise, encore moins. Vincent comprend que plus aucun client ne fera confiance à Mars.

Pour l'équipe engagée auprès de la famille Makhmudov, c'est la catastrophe. Face à la menace du chômage, Yoann Petit, ancien des forces spéciales, vient me trouver à Paris dans le courant du mois d'août. J'ai alors quitté mes fonctions à l'Élysée, comme chacun sait.

— Alex, on va tous perdre notre boulot dans cette histoire. C'est idiot. Le client est content, on a tissé de bonnes relations avec la famille qui veut vraiment que l'on reste avec eux. C'est une mission top. Faut pas la perdre.

— Je sais. Mais qu'est-ce que tu proposes ?

— Écoute, j'ai tous les agréments. On peut monter une boîte, on reprend le contrat et on repart au 1er octobre en douceur, sans interruption.

— D'accord, mais si je suis de la partie, cela risque de tout compliquer, dans l'ambiance actuelle.

Yoann ne souhaite pas prendre d'actions dans la société. Ma visibilité médiatique m'empêche d'apparaître. Je suggère donc de mettre mon frère dans les statuts.

France Close Protection dépose ses statuts le 19 octobre. Quatre jours plus tard, le frangin se retire de son rôle, laissant la totalité de la société entre les mains de Yoann. Les emplois des agents sont sauvés.

Yoann me propose de lui donner un coup de main pour assurer le démarrage de FCP, en échange d'un CDD d'un mois. Je lui présente des gens, je structure son activité et je le laisse voler de ses propres ailes. Yoann est un type bien. Il saura faire.

44

Passeports, s'il vous plaît

À l'automne 2018, toujours à la recherche d'un moyen d'existence, j'envisage de créer à Marrakech une société de conseil dans le domaine de la sécurité, Marter Conseil.

Vincent Miclet m'encourage et me prête de l'argent pour démarrer l'activité. J'ai à peine le temps de commencer les formalités que je suis de nouveau accaparé par les « affaires » parisiennes. D'abord, l'amie qui nous prête son appartement de l'avenue Foch revient à Paris et veut légitimement récupérer son logis. Il faut donc déménager à la hâte, avec Myriam et Lino. Je dois aussi gérer les rebondissements du dossier, les demandes de rendez-vous inutiles, les convocations diverses. Je n'ai absolument plus le temps de m'occuper de ma petite entreprise en gestation.

Le coup de grâce est donné par un message de l'Élysée. C'est un feu rouge écarlate. « L'installation au Maroc, mauvaise idée. Tu oublies. »

C'est alors que mon ami Farid Belkacemi me présente l'un de ses proches. Farid est un financier brillant que j'ai croisé dans l'entourage de François Hollande, pendant la campagne de 2012. On est restés en contact depuis et c'est avec plaisir que je le revois en septembre. Il m'a donné rendez-vous dans les salons de l'hôtel La Réserve, tout près des Champs-Élysées, son adresse préférée.

Lorsque j'arrive, il est installé dans le salon-bibliothèque, au milieu des étagères de bois sombre chargées de livres anciens. Mais il n'est pas seul.

— Bonjour Alexandre. Je te présente mon ami, Philippe Hababou-Solomon.

Le type est sympathique, on boit un verre, on discute. Au moment de se séparer, Philippe Hababou-Solomon me propose de revenir, quelques jours plus tard, pour parler business. Pourquoi pas ? C'est lors de cette nouvelle entrevue, toujours à La Réserve, qu'il me parle de son activité. Il vend des « solutions de cybersécurité » aux États. J'avoue que c'est un peu vague. Il m'explique qu'il conseille aussi quelques chefs d'État en Afrique, l'émir du Qatar, et que si cela m'intéresse, il est prêt à me prendre avec lui.

— Oui, merci, mais pour faire quoi ? Je n'y connais rien, dans votre domaine.

— Tu regardes, tu écoutes et tu apprends. Tu es un garçon brillant, tu vas vite comprendre. Et puis, tu connais le fonctionnement d'un État de l'intérieur. Ça peut servir.

— D'accord.

— Parfait. Viens lundi, à Londres.

Voilà comment j'embarque dans les valises de Philippe, sans connaître son vrai patronyme – il en a plusieurs, me glissera-t-il –, ni le détail de ses démêlés avec la justice. En revanche, je n'ai aucun doute sur le poids de son carnet d'adresses. Chacune de ses rencontres avec de hauts dignitaires d'États étrangers m'en apportera la preuve.

Première étape, Londres. Je pars avec Myriam, Lino et deux valises par l'Eurostar. Philippe Hababou-Solomon a mis à notre disposition un superbe appartement dans un quartier huppé de la capitale britannique.

À la sortie de la gare de St Pancras, je ressens un vrai soulagement. Ici, personne ne me connaît. Pas de regards en biais, pas de photos prises en douce avec les téléphones portables. Retour à l'anonymat. Je respire.

La famille installée, je file avec mon nouveau « patron » direction Istanbul – à bord de son avion privé –, pour y retrouver une délégation de responsables indonésiens. Nous sommes logés au Hilton, propriété du président d'une énorme entreprise de construction et associé de… Hababou-Solomon. Les discussions avec les Indonésiens commencent le lendemain matin. Ils sont cinq, des types aux allures de militaires, visages burinés, accompagnés par une sorte de fofolle au look hallucinant, Maya, influenceuse, et par son mari. Étrange.

Au programme : discussions, visite d'une usine de fabrication d'équipements militaires, avant le départ, le lendemain, pour Tel-Aviv. Car le fournisseur qui intéresse l'Indonésie est israélien. Grand hôtel à Jaffa, démonstrations technologiques, visites d'infrastructures industrielles et soirée de gala à Jérusalem. Je ne comprends pas tout sur les accords qui sont en train de se négocier, mais j'observe et je me régale. Puis nous rentrons à Londres, après avoir déposé les Indonésiens à Istanbul en cours de route.

La semaine suivante, nous partons aux Bahamas. Officiellement, pour se reposer et faire un peu de bateau sur le yacht majestueux qu'Hababou-Solomon a loué pour l'occasion. Mer turquoise, sorties en jet-ski, baignades sur des îlots déserts, le rêve. Je découvre au moment de partir qu'en fait de vacances Hababou attendait le signal pour un rendez-vous qui n'a jamais eu lieu. Il espérait rencontrer un très proche de Bolsonaro, le futur président du Brésil.

À peine de retour, nous partons pour une petite tournée africaine. Un ex-Premier ministre africain, ami d'Hababou-Solomon, est du voyage. Cela commence par le Cameroun, où je retrouve les Turcs de l'usine de fabrication d'uniformes, qui veulent s'implanter dans le pays. Je traverse le hall du Hilton de Yaoundé lorsque j'aperçois un gros 4 x 4 Toyota blanc, blindé, qui s'arrête devant la porte principale. Le véhicule arbore un petit drapeau tricolore sur son aile avant gauche. Un type en descend et entre dans le hall à grandes enjambées, tout droit dans ma direction. L'ambassadeur de France a l'air pressé, jusqu'à l'instant où il me reconnaît. Il ralentit sa course, fait mine de chercher son chemin, à droite ou à gauche, afin de m'éviter, et finit par passer au large. Courage, fuyons !

La délégation d'Ankara nous suit également au Tchad, où Philippe est reçu comme un chef d'État. Je suis impressionné. Les limousines nous attendent au pied de l'avion pour nous conduire directement au Hilton de N'Djamena, sans formalités. Hababou-Solomon est à peine installé dans sa suite grand luxe que les premiers visiteurs arrivent. Responsables locaux, conseillers de ministres, entrepreneurs, tous les hommes influents de la capitale tchadienne viennent toquer à sa porte. Puis nous allons rendre une petite visite au ministre des Affaires étrangères avant de partager un dîner avec nos amis turcs. Ils attendent avec impatience l'entrevue du lendemain. Nous avons rendez-vous avec Idriss Déby, le président tchadien. Les Turcs veulent obtenir le feu vert pour l'implantation d'un atelier de confection d'uniformes. Ils viennent d'en ouvrir un au Soudan, mais ils ont besoin d'augmenter leur capacité de production.

Le lendemain, nous nous rendons au palais présidentiel avec la délégation turque. Nous sommes accueillis et guidés sans attendre jusqu'au bureau de Déby, qui marque sa surprise en m'apercevant sur les talons d'Hababou-Solomon. Il n'a pas été averti de ma présence. Il s'exclame :

— Benalla ? Au Tchad ?

Avant d'arborer un large sourire et de me demander sur un ton plein de bienveillance :

— Alors, comment ça va ?

Le temps de la discussion technique et politique avec les Turcs, je reste en retrait. L'affaire est vite expédiée, Déby approuve le projet, les Turcs remercient et s'éclipsent. La conversation passe en mode « amical ». Le président tchadien me pose quelques questions sur cette « affaire Benalla », écoute mes explications avec attention. Au passage, il m'informe de la venue, la semaine suivante, d'Emmanuel Macron dans son pays. Je l'ignorais car autrement je n'aurais jamais fait ce déplacement. J'ai pourtant averti l'Élysée, comme je le fais à la veille de chacun de mes voyages, par pure courtoisie, sans jamais avoir d'avis négatif en retour. Lorsque nous prenons congé, Idriss Déby me souhaite « bon courage », d'un ton énergique. Retour à l'hôtel.

Le hall du Hilton de N'Djamena a une particularité. Il grouille de types portant pantalon à poches et barbe de trois jours. Inutile de leur demander ce qu'ils font là. Tous feront à peu près la même réponse. Ce sont des « commerciaux », des « diplomates » ou des « attachés culturels ». D'ailleurs, la plupart exhibent d'authentiques passeports diplomatiques. Remarquez, moi aussi.

C'était une erreur de ma part d'utiliser ceux qui m'ont été attribués du temps de mes fonctions au Palais.

J'en possède deux. Lorsqu'il faut faire des demandes de visa pour des voyages successifs, au lieu de déposer le passeport dans chaque consulat, l'un après l'autre, le temps d'obtenir les tampons, on peut ainsi faire les demandes d'un seul coup. Et puis, il existe aussi des « incompatibilités diplomatiques » entre certains pays. Le tampon d'un pays arabe peut rendre très compliquée l'entrée aux États-Unis ou en Israël. Beaucoup d'hommes d'affaires travaillant à l'international utilisent le système du passeport multiple pour gagner du temps.

J'ai également deux passeports de service. Avec leur couverture noire, ils sont délivrés par le ministère de l'Intérieur pour les missions à l'étranger, alors que les passeports diplomatiques le sont par le ministère des Affaires étrangères. Le premier des deux m'a été attribué lors de mon passage à la délégation interministérielle à l'égalité des chances des Français de l'outre-mer, en 2016. J'y avais rendu quelques services bénévoles sur mon temps libre, en 2016, tout en assurant mes fonctions d'abord à l'Office européen des brevets, puis à En Marche. Le second m'a été délivré en juin 2018, pour mes activités à l'Élysée. J'en ai fait la demande dans les règles et le formulaire a été signé par le responsable concerné. Malheureusement, seule la copie transmise aux services des passeports, et qui ne porte pas de paraphe, a été retrouvée. L'original signé a été égaré. Il a dû tomber du parapheur... Du coup, certains ont imaginé une histoire de démarche louche, dans le dos de la hiérarchie. Parfois, la réalité est beaucoup plus simple.

Lorsque j'ai quitté l'Élysée à la fin de l'été, j'ai restitué les passeports ainsi qu'un certain nombre d'effets que l'on m'a réclamés. J'ai pris l'essentiel de mes affaires personnelles, sans prendre le temps de vider les tiroirs. Fin septembre, début octobre, un collaborateur du Palais m'a rendu mes dernières affaires, dont un chéquier et des clés, mais aussi les fameux passeports diplomatiques. Il m'a même dit qu'ils étaient encore valables. Alors, je les ai utilisés.

Tout le monde a su que je les utilisais, dès le premier jour. La Direction de la coopération internationale, au ministère de l'Intérieur, a été avisée de mon passage à un contrôle aux frontières, mais elle n'a rien signalé.

J'ai fini par les restituer, en janvier 2019. J'ai eu du mal à retrouver le second passeport diplomatique, égaré au gré de mes déménagements successifs. Les lettres de relance de l'Élysée se sont elles aussi perdues dans les changements d'adresse. Mais surtout, ce nomadisme dont je me serais bien passé a profondément affecté ma vie familiale et personnelle.

45

Fréquentations

On me reproche beaucoup mes fréquentations. Cela ne me pose aucun problème. Je mets un point d'honneur à discuter avec tout le monde et, que je sache, il ne figure dans mes relations ni tueur d'enfant ni violeur en série. Certains sont fortunés, d'autres sans le sou, aucune importance.

Ma vie professionnelle – celle d'« avant » – m'a ainsi permis de faire beaucoup de rencontres et de remplir mon carnet d'adresses. La presse y a trouvé des gens « sulfureux », « affairistes » et pire encore. Alors que nombre de journalistes fréquentent ces mêmes personnes, copinent, boivent des coups avec et leur font la bise.

Alors oui, je connais Alexandre Djouhri, qui a longtemps gravité dans l'entourage de deux présidents de la République, Jacques Chirac et Nicolas Sarkozy. Sa fiche Wikipédia recense de nombreux soupçons qui planent au-dessus de lui et relate sa mise en cause dans le financement supposé de la campagne de Nicolas Sarkozy par la Libye en 2007.

Mais il bénéficie, à l'heure où j'écris ces lignes, de la présomption d'innocence.

Alexandre Djouhri me fait l'amitié de partager un peu de son temps avec moi, lors de rencontres à Londres ou de discussions au téléphone. Il me donne des conseils, me soutient et me fait rire avec ses histoires incroyables. Je ne me lasse pas d'entendre le récit de sa vie, tellement hors du commun. Mais nous n'avons qu'une complicité… amicale.

J'ai évoqué plus en détail les circonstances dans lesquelles j'ai croisé la route de Vincent Miclet, de Philippe Hababou-Solomon et de Jean-Louis Haguenauer. Les journalistes ont disserté sur ces trois noms, avec plus ou moins de bonheur et très peu de rigueur. Ils ont aussi évoqué Mohamad Izzat Khatab, cet homme d'affaires syrien richissime qui a fondé un mouvement politique, La Syrie pour tous. *Libération* a même publié en janvier 2019 un selfie sur lequel je pose en sa compagnie, afin de pouvoir m'agrafer un nouvel ami « sulfureux ».

Le fait est que je connais Khatab depuis 2012, lorsque j'assurais la sécurité de François Hollande pendant la campagne présidentielle. Il est très repérable avec sa bouille ronde et son crâne lisse. Son truc, ce sont les selfies. Il veut être en photo avec tous les grands – et les moins grands – de ce monde. Il a une technique redoutable pour approcher les personnalités. J'ai vite compris qu'il valait mieux le tenir à distance.

En 2017, pendant la campagne avec Emmanuel Macron, il a tenté à plusieurs reprises de s'infiltrer dans les premiers rangs, lors des manifestations. Son truc, c'est d'arriver avec des gardes du corps pour impressionner le service d'ordre. C'est un vrai génie. J'ai toujours réussi à le bloquer, y compris lorsque j'étais en poste à l'Élysée.

Je le retrouve au moment où je m'y attends le moins, à l'automne 2018, en pleine tourmente. En fait, c'est Alain, un copain photographe, un habitué des commémorations de la communauté israélite, qui m'appelle. Je l'ai rencontré alors que je travaillais pour Martine Aubry et nous nous sommes revus très régulièrement lors de cérémonies officielles.

— Salut, Alexandre. Tu cherches du travail ? Parce que je connais quelqu'un qui est prêt à t'offrir 200 000 euros par an pour t'occuper de sa sécurité.

Je lui propose une rencontre avec son contact au bar du Fouquet's, sur les Champs-Élysées.

À peine entré dans l'établissement, je percute. La silhouette, le crâne rasé, c'est lui. Khatab. Je me tourne vers Alain, qui m'accompagne.

— Je laisse tomber. Ça ne sert à rien que je le voie. Je le connais.

Trop tard. Il nous a aperçus et se dirige droit sur nous, la main tendue.

Affable et bavard, Khatab me reproche gentiment de l'avoir si souvent maintenu à l'écart, avant de me proposer de travailler pour lui. J'esquive d'abord, il insiste, je refuse poliment. Il me propose alors d'aller visiter ses bureaux, à deux pas. Pour ne pas en rajouter, j'accepte. L'endroit est somptueux, partout sont accrochés les fameux selfies. Il y en a des dizaines, avec des personnalités du monde entier, président, ancien président, ministres, autorités religieuses, même le pape. Il fait un selfie – cette fois, je n'y coupe pas. Avant de partir, Khatab me propose une voiture.

— Merci, c'est gentil, mais non.

Je le revois quelques jours plus tard, toujours au sujet de son offre. Je reste sur mes positions. Pas question de travailler pour lui. Il est sympathique, mais j'aime mieux en rester là.

46

Auditions

Mercredi 19 septembre 2018, 8 h 50. Philippe Bas, costume gris et cravate bordeaux, ouvre le bal.

— Nous auditionnons ce matin M. Benalla. C'est notre vingt-troisième audition depuis le mois de juillet.

La Commission des lois du Sénat ne chôme pas depuis qu'elle s'est transformée en mission d'information sur « les conditions dans lesquelles des personnes n'appartenant pas aux forces de sécurité intérieure ont pu ou peuvent être associées à l'exercice de leurs missions de maintien de l'ordre et de protection de hautes personnalités et le régime des sanctions applicables en cas de manquements ». Ou pour être plus clair, sur « l'affaire Benalla ».

Je m'attendais à cette convocation bien plus tôt. Je pensais même inaugurer les auditions. Curieusement, les sénateurs ont préféré entendre vingt-deux personnes avant moi. Un bon nombre de ces individus me sont inconnus, mais cela ne les a pas empêchés de venir, les uns derrière les autres, ajouter des clous à mon cercueil. Je sais, en entrant dans la salle du palais du Luxembourg, que la partie est jouée depuis bien longtemps.

La séance dure deux heures et vingt-six minutes. Je réponds aux questions sans jamais me sentir en difficulté. J'explique, je détaille, je précise. Je sens une agressivité contenue dans l'auditoire, mais aucun de ceux qui m'interrogent ne monte au créneau face à moi. Ils préféreront s'épancher au-dehors, devant les caméras des journalistes, une fois l'audition terminée, en parlant d'enfumage de ma part. C'est plus facile. C'est vrai que certains sont experts en la matière.

Les sénateurs aiment tellement me détester qu'ils me convoquent une seconde fois, le 21 janvier 2019. Cette fois, je suis accompagné de mon avocate, Jacqueline Laffont.

Entre-temps, les pseudo-révélations de la presse ont alourdi mon dossier à charge, notamment avec l'histoire des passeports diplomatiques. Je sens d'ailleurs, dès mon arrivée dans les locaux, que l'ambiance a changé. Les regards sont lourds. Au moment de pénétrer dans la salle des auditions, j'ai la boule au ventre. Il y a de la revanche dans l'air.

La séance dure un peu moins longtemps cette fois. Beaucoup de questions bêtes et méchantes. Certaines empiètent manifestement sur les volets judiciaires des enquêtes en cours et, en accord avec mon avocate, je refuse d'y répondre. Le président Bas se fait alors menaçant, le doigt en l'air : « Nous vous posons des questions [...] et vous êtes obligé d'y répondre. » À la fin, Philippe Bas se dispense de me saluer. La fois précédente, il m'avait raccompagné fort civilement jusqu'à la porte.

47

Contrat azéri

L'automne 2018 s'est achevé avec une nouvelle mise en examen me concernant, cette fois pour des violences présumées envers le manifestant dont j'ai interrompu la fuite, le 1er Mai, au Jardin des Plantes, près de la gare d'Austerlitz, celui qui venait d'asséner un violent coup dans le dos d'un CRS.

Et pour faire bonne mesure, j'écope quelques semaines plus tard d'une troisième mise en examen pour « violences volontaires » sur Simon D., interpellé le 1er Mai à l'entrée du Jardin des Plantes. Le plus curieux c'est que non seulement je n'ai jamais approché ce jeune homme, mais que lui-même n'est pas en mesure d'identifier qui l'a touché. La juge a préféré suivre les écrits d'un policier qui m'a mis en cause dans son procès-verbal d'interpellation.

Malgré tout, j'essaie de préparer l'avenir. Il va bien falloir que je retrouve une activité professionnelle. Alors je dépose les statuts de ma propre entreprise de sécurité, mais pas en France. Mon nom fait trop souvent la une des médias au goût des clients potentiels. Je l'ai dit un peu plus haut, dans le domaine de la sécurité, la première qualité, c'est la discrétion. J'ai donc installé le siège de ma société au Maroc, à Marrakech, avec comme objet social « la formation et l'expertise en sécurité et organisation ».

Très vite, j'ai une proposition de contrat pour le compte d'un homme d'affaires azéri, Farkhad Akhmedov. Il a fait fortune dans le pétrole avant de se reconvertir dans les jus de fruits, en particulier le jus de grenade, sa spécialité. Problème, je ne suis pas encore prêt. Les formalités d'ouverture du compte bancaire de la société sont longues et je ne peux donc pas traiter la demande. Pour ne pas perdre le marché, j'opte pour une solution classique et parfaitement légale : je demande à Yoann Petit de prendre le contrat à son compte avec la structure FCP, qui encaisse le premier versement. Il est censé me missionner ensuite en tant qu'expert pour la mise en place de l'opération, et me rémunérer directement. Malheureusement, Yoann fera la une de Mediapart, ce qui le pousse à abandonner l'exécution du contrat. Une fois le compte en banque de ma société ouvert, il transférera l'avance reçue du client, et je prendrai en charge directement avec ma société marocaine.

Tout cela est commercialement limpide et transparent. Sauf pour quelques journalistes. Les plumes acérées des spécialistes de « l'affaire Benalla » qualifient mon entourage de « sulfureux », évoquent des rumeurs, dénoncent des montages financiers « opaques » et l'ombre de la mafia russe. On s'invite sur les plateaux de télévision, entre confrères du même monde, pour écouter les affabulations des uns et les délires des autres. On frissonne d'effroi en écoutant les « docteurs en benallisme » exposer leurs théories du complot russe au cœur de l'Élysée. Mais surtout, on ne m'invite pas à venir face à ces accusateurs en peau de lapin.

Et pour faire bonne mesure, on a sorti les passeports diplomatiques, puis les contrats russes. Mais je le répète, il n'y a pas de « contrats russes », pas d'interférences élyséennes, pas de comptes en Suisse. Juste des affaires licites et transparentes, avec des montages imposés par la pression médiatique et les procédures judiciaires. L'enquête du parquet national financier pour « corruption » à propos du contrat ouzbek permettra, je l'espère, de rétablir la vérité.

48

Case prison

J'y suis. Quatre murs blancs, un lit et une table scellés au sol, un coin W.-C.-douche, une fenêtre occultée par un panneau opaque. Enfermé dans neuf mètres carrés, 21 heures sur 24, au quartier d'isolement de la prison de la Santé.

Une heure de promenade le matin, seul, dans une petite cour entourée de hauts murs, avec un ciel grillagé. Une heure de promenade le soir. Une heure de sport dans la journée. Sans jamais croiser un seul autre détenu. C'est le principe de l'isolement.

La première nuit, j'ai un peu de mal à m'habituer. Les cris, les éclats de voix, les coups qui résonnent au loin, dans le bâtiment. Et la lumière que les gardiens allument toutes les deux heures, pour vérifier que tout va bien. Mais je finis par m'écrouler de fatigue, après une journée marathon, commencée ce matin du 19 février, au palais de justice.

Je n'avais pas beaucoup de doute sur la suite des événements en entrant dans le bureau des trois magistrates. L'affaire était pliée depuis qu'un site d'information avait diffusé l'enregistrement d'une supposée conversation entre Vincent Crase et moi, qui aurait été réalisé le 26 juillet 2018. Or, à cette date, la justice nous avait placés tous deux sous contrôle judiciaire avec interdiction de nous rencontrer.

L'enregistrement supposé accusateur est illicite et d'origine totalement inconnue. Pour les juges, ce n'est pas un problème. La révocation du contrôle judiciaire est vite actée. Vincent Crase et moi sommes expédiés en détention provisoire. Petite péripétie cocasse, alors que Vincent et moi avions la stricte interdiction de nous rencontrer, nous avons passé une bonne heure ensemble, dans une cellule située à l'étage du juge des Libertés et de la détention (JLD). Le magistrat doit statuer sur notre sort, au vu des réquisitions du parquet et du dossier que lui ont transmis les juges. Mais quelqu'un a oublié de transmettre les instructions aux policiers qui nous accompagnent. Un pataquès. Moi, je suis content de voir mon pote et de discuter avec lui.

Le passage devant le JLD est de pure forme. « Au vu des éléments du dossier, je prononce votre incarcération à la maison d'arrêt de la Santé. » Pour Vincent, c'est Bois-d'Arcy. Passage par les cellules du dépôt, transfert en fourgon cellulaire, formalités d'entrée, fouille à poil et attribution de mon numéro d'écrou, le 303744. Je suis taulard.

Huit jours de routine s'écoulent, rythmés par les rendez-vous – avec le directeur adjoint, la directrice, le médecin, le travailleur social, mes avocats – et la promenade. Chaque fois, le même rituel, pour sortir de cellule et pour y rentrer : présence obligatoire de trois surveillants et fouille complète. Le reste du temps, je lis, je regarde la télé, je réfléchis. Combien de temps je vais rester là ? Un, deux, trois mois ?

Le mardi 26 février, la cour d'appel de Paris, saisie par mes avocats, annule l'ordonnance de révocation du contrôle judiciaire et de placement en détention provisoire. Je sors. Vincent également.

Je retrouve le ciel et les rues de Paris. Il fait nuit. Je n'ai ni amertume ni rancœur. Je n'ai qu'une envie, marcher sur les quais en contemplant Paris et ses lumières. Je marche pendant trois heures, goûtant chaque minute de ma liberté retrouvée.

49

Calendrier

J'aurais dû me méfier, lorsqu'un haut gradé de la police nationale a murmuré, le soir du 1er Mai : « On le tient. »

Il venait de visionner, avec l'ensemble du personnel présent dans la salle de commandement de la préfecture de Police, les images de la Contrescarpe. Un « On le tient » lâché avec un tel soulagement que celui qui me rapporte le propos s'en étonne encore.

Au printemps 2018, la réforme de la sécurité de l'Élysée est en train de se mettre en place. Je me suis beaucoup battu pour faire avancer le dossier, qui était une volonté clairement exprimée du Président et une demande de la Cour des comptes. L'objectif, je l'ai rappelé, était de remplacer l'actuel GSPR, composé à parts égales de gendarmes et de policiers, par une unité propre, dotée d'un commandement unique et assurant l'ensemble des missions de sécurité pour la présidence.

Les policiers sont opposés à cette réforme. Ils craignent d'être écartés de la mission, surtout si, comme je le préconise, on aligne les critères de recrutement sur ceux du GIGN, bien plus exigeants. Je sais que dans mon dos certains cherchent une façon de faire capoter l'affaire. D'ailleurs, dès le lancement des réflexions sur la refonte de la sécurité, un gendarme m'a prévenu.

— Un jour, tes potes flics vont t'inviter au restau, te faire picoler et te faire cueillir par des motards quand tu rentreras chez toi.

Je n'ai pas voulu l'écouter.

J'imagine la jubilation du type, dans la salle de commandement, devant les images de la Contrescarpe. Il cherchait une arme fatale. Il vient de la trouver. Encore faut-il savoir la manier. Les premières tentatives se révèlent infructueuses. Dans le courant du mois de mai, les images assorties d'explications me concernant sont proposées à quelques journalistes, qui ne mordent pas à l'hameçon. Pas intéressant, merci.

À la mi-juin, les pandores remballent le matériel. La Coupe du monde de football démarre et son actualité va tout occulter. Il faut attendre.

Un mois plus tard, la France est championne du monde. Les commentateurs évoquent le fameux « alignement des planètes » si favorable à Emmanuel Macron depuis son élection surprise. Ses détracteurs enragent un peu plus. Parmi eux figurent les promoteurs du dossier de la Contrescarpe. L'occasion est trop belle. Ils vont pouvoir faire d'une pierre deux coups. M'éliminer du paysage et balayer sa réforme maudite ; pourrir l'après-Coupe du monde et priver Emmanuel Macron du bénéfice d'image de cette victoire.

Aussitôt imaginé, aussitôt fait. Un éminent haut fonctionnaire du ministère de l'Intérieur qui a de bons contacts avec des journalistes fait partie du clan fermement opposé à la réforme, par esprit de corps. Le dossier est remis clés en main à quelques journalistes ; c'est *Le Monde* qui s'en emparera.

Cette fois, le timing est parfait. Avec le renfort de Mediapart, l'affaire part à la vitesse d'un feu de forêt un jour de grand vent en pleine sécheresse. Personne ne sait arrêter ce genre d'incendie qui dévore tout sur son passage.

Les flammes sont toujours vives au moment où j'écris ces lignes. Elles ont déjà dévasté des vies, celle de Vincent Crase, celles de policiers et de membres du cabinet. Elles ont anéanti des projets professionnels, abattu des entreprises et fait disparaître les emplois de gens qui n'avaient rien à voir avec tout ça.

La disproportion entre les faits qui me sont reprochés – et que je conteste –, les moyens déployés et les conséquences est ahurissante. J'ai appréhendé des agresseurs de policiers, sans leur infliger la moindre blessure. Les deux manifestants ont été reconnus coupables et condamnés. Est-ce que cela justifie gardes à vue, perquisitions, mises en examen à répétition, enquêtes dans tous les sens et mises en détention ?

Épilogue

J'ai eu la chance de rencontrer Emmanuel Macron au début de sa campagne présidentielle, il m'a fait l'honneur de me garder à ses côtés pendant toute la bataille et de m'emmener avec lui au cœur du pouvoir.

J'ai cru que ma différence était une force, surtout pour ceux que je servais, que mon fonctionnement hors système pouvait créer des marges de manœuvre, que le fait que je ne sois pas un pur produit issu du sérail, que je ne sorte pas du moule, me permettrait de m'affranchir des codes habituels de l'exercice du pouvoir et donc de ses lourdeurs, de son immobilisme.

Mais lorsque l'on n'est pas « ce » pur produit, on ne bénéficie pas des protections afférentes à un corps comme la préfectorale.

J'ai péché par naïveté et par ignorance. J'ai agi par inconscience, méprisant un système que j'estimais défaillant.

J'ai innocemment cru ce que l'on m'a dit. J'ai cru à la tâche que l'on m'a confiée. J'ai été le crédule garant d'une mission et rien ne pouvait se mettre entre cette mission et moi.

Aveugle et sourd aux mises en garde, j'ai présumé de mes forces, je me suis trompé sur ma marge de manœuvre, je n'ai pas compris la force et la dangerosité de ce système arc-bouté sur ses privilèges qui m'a laissé agir en attendant la faute pour mieux m'expulser. L'immobilisme est pour les « costumes gris » un mode de fonctionnement et l'action un danger mortel.

Je n'ai pas fait une grande école. Je ne suis pas issu des élites de la nation. Je ne leur ressemble pas. Je ne suis pas des leurs et j'ai pourtant naïvement cru que ce n'était pas un problème, que ma seule volonté d'être pleinement au service du Président suffisait.

J'ai foncé tête baissée, sans chercher à me préserver, à me protéger, sans me soucier des conséquences, sans me rendre compte des lignes que je franchissais, obnubilé que j'étais par ma mission, par ma fierté d'être arrivé là où jamais je n'aurais dû être, et surtout celle de servir le Président et son épouse.

J'ai sans doute manqué de discernement, ne comprenant pas que lorsqu'on est membre du cabinet présidentiel, *in fine*, on a un statut symbolique à part. Quelle erreur ! Quelle naïveté ! Quelle bêtise !

J'ai mis du temps avant de comprendre ce qui s'était passé. Je porte – je l'assume – ma part de responsabilité dans ce désastre et je m'en excuse auprès de ceux que j'ai blessés ou mis en difficulté, ceux qui m'ont fait confiance et qui se sont sentis trahis.

Des milliers d'articles, des heures de direct sur les chaînes d'information, six juges d'instruction saisis, deux informations judiciaires ouvertes, quatre enquêtes préliminaires, le parquet national financier, quatre perquisitions, deux gardes à vue de quarante-huit heures, huit jours de prison, cinq déménagements, la perte de nos emplois respectifs à Myriam et moi, de notre logement. Est-ce que ce qui s'est passé le 1er mai 2018, aucun mort, aucun blessé, méritait tout cela ?

Je pense à ma famille, mes proches, mes amis, mes relations professionnelles, à toutes celles et tous ceux qui se sont retrouvés bien malgré eux pris dans la tourmente, pour la seule et unique raison d'avoir eu le tort de me connaître, de m'avoir fait confiance ou de m'aimer.

À eux, et à eux seuls, je dédie ce témoignage.

Remerciements

Dans cette épreuve, j'ai toujours pu compter sur le soutien indéfectible de ma mère, ma femme Myriam, mon fils Lino, mon petit frère Kevin, ma petite sœur Rose. Sans pouvoir les citer tous – mais chacun se reconnaîtra –, mes amis fidèles, qui savent qui je suis.

À tous les professionnels que j'ai croisés et qui sont restés droits malgré la pression. Sans eux, je n'aurais sans doute pas traversé cette épreuve. Pour eux, je suis resté debout.

Aux fonctionnaires et personnels de l'Élysée, membres du cabinet et de la campagne, avec qui j'ai eu plaisir à travailler. Merci pour leurs nombreux messages de sympathie et de soutien. Ils ont été une lueur dans la nuit.

À mon avocate, Jacqueline Laffont, toujours présente, son mari Pierre Haïk, ses collaborateurs Charles, Malika, François, Patrick, Maxime, Chloé.

Table

MIXTE
Papier issu de sources responsables
FSC® C003309
www.fsc.org

L'Éditeur de cet ouvrage s'engage
pour la préservation de l'environnement
et utilise du papier issu de forêts gérées
de manière responsable.